AF433642

MARTINEZ

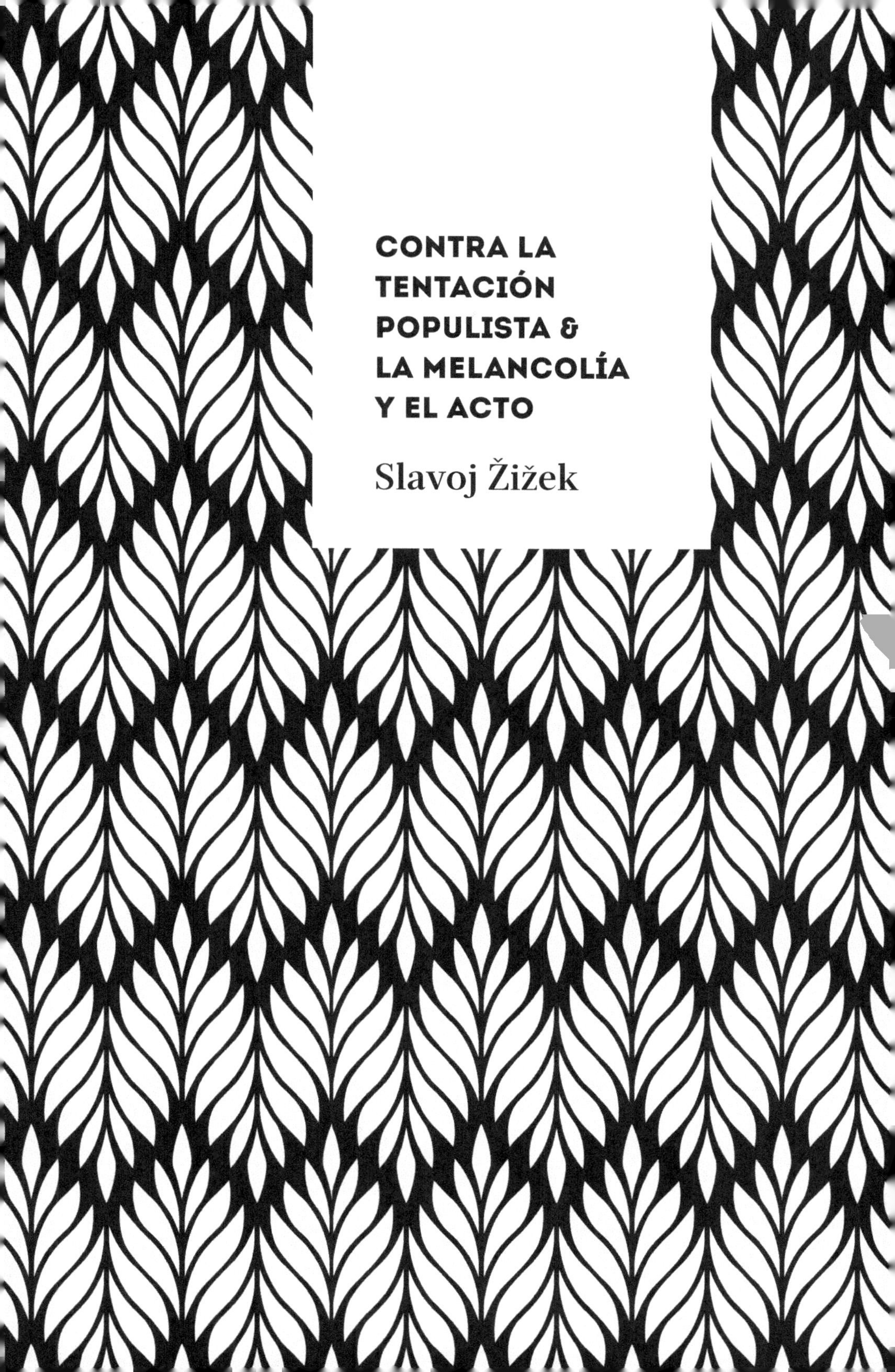

CONTRA LA TENTACIÓN POPULISTA & LA MELANCOLÍA Y EL ACTO

Slavoj Žižek

Zizek, Slavoj Contra la tentación populista / Slavoj Zizek. - 1a
ed . - Ciudad Autónoma de Buenos Aires : EGodot Argentina,
2018. 112 p. ; 23 x 15 cm.

ISBN 978-987-4086-63-1

1. Filosofía Política. 2. Populismo. 3. Filosofía Contemporánea.
I. De Nápoli, Cristian, trad. II. Título.

CDD 190

Título original
Against the populist temptation & Melancholy and the act

Traducción Cristian De Nápoli
Corrección Hernán López Winne
Diseño de tapa e interiores Víctor Malumián
Ilustración de Slavoj Žižek Juan Pablo Martínez

© **Ediciones Godot**
www.edicionesgodot.com.ar
info@edicionesgodot.com.ar
Facebook.com/EdicionesGodot
Twitter.com/EdicionesGodot
Instagram.com/EdicionesGodot
Buenos Aires, Argentina, 2019

Impreso en Porter, Plaza 1202,
Ciudad Autónoma de Buenos Aires,
República Argentina, en marzo de 2019

Un prólogo breve

EL TÉRMINO "ENJUTAS" [*SPANDRELS*] surgió en la arquitectura, para dar nombre a esos espacios que resuelven el encuentro entre una figura curva (como la base de una cúpula) y otra rectilínea (sobre la que la anterior se planta). Sobre ese campo operó luego la apropiación del término que hizo la biología evolutiva, pasando a llamar "enjutas" a los rasgos de un organismo surgidos como subproductos de la adaptación natural, los cuales, sin representar un claro beneficio para la aptitud y la supervivencia de ese organismo, tendrían sin embargo, y justamente por eso, la característica de ser *exaptaciones* que "adquieren un nuevo e inesperado rol crucial para el funcionamiento del organismo". Para Stephen Jay Gould y Richard Lewontin, muchas funciones del cerebro humano, sobre todo las que hacen al lenguaje, surgieron como enjutas. Y así también podría pensarse que opera este par de textos aquí reunidos: llenando espacios vacíos, zonas emergentes en los cruces entre la filosofía, el psicoanálisis y la crítica de la economía política. Da la impresión de que hoy es de esos entrelugares que emergen las intervenciones teóricas más interesantes, sin adscripción clara o rotunda a ningún campo en particular. Lo que no quita, de todos modos, que sean frecuentes las críticas a este tipo de abordajes. En su minuciosa reseña de la compilación *Repeating Žižek*, Jamil Khader observó cómo algunos de los que contribuyeron con sus textos a ese volumen ponían en interrogación

> *…las credenciales de Žižek como filósofo, sobre todo en relación con la crítica que hace Badiou de la posición anti-filosófica de Lacan. Agon Hamza señala, en efecto, que los filósofos zizekianos la tienen difícil si quieren formalizar los planteos de Žižek (en comparación, dice, "no es difícil ser un seguidor de Badiou, en virtud de su sistema muy bien estructurado"). En sintonía, Benjamin Noys repite recatadamente la afirmación de Badiou de que "Žižek no está exactamente en el campo de la filosofía" para luego proponer que Žižek es un "lector de filosofía", alguien que ofrece no una filosofía sino un método. Bruno Bosteels carga con más contundencia contra una filosofía zizekiana; sostiene que, tras el despegue internacional de su carrera, Žižek ha tenido que luchar permanentemente para romper su asociación con los estudios culturales, campo donde su obra fue recibida y 'mal reconocida' [misrecognized] en sus comienzos, a fin de reinstalar su nombre como el de un filósofo. Bosteels escribe: "Así, mientras que a partir de* El ser y el acontecimiento *Badiou pudo hablar desde el bastión de una filosofía de cierto estilo clásico o neoclásico, haciendo flamear el estandarte del platonismo con la confianza necesaria para aceptar los desafíos de antifilósofos como Lacan, Žižek aún sigue sufriendo a la hora de opacar los lances contra la filosofía que esgrimió el último Lacan y lograr de ese modo una respetabilidad como filósofo". Según Bosteels, esto último es lo que explica el "proverbial nerviosismo" de Žižek. Sus tics no harían sino delatar la angustia del que se siente excluido de los aparatos institucionales de prestigio y los departamentos de Filosofía ya sea en Eslovenia, Francia o Gran Bretaña. De ahí su "actuación histérica", en contraste con el discurso del maestro encarnado por un "estoicamente imperturbable Badiou".*

(Reseña de Jamil Khader sobre *Repeating Žižek*, publicada el 23 de agosto de 2016 en *SCTIW Review*, revista online)

Estas críticas a mi trabajo me parecen problemáticas por más de una razón, incluso si descartamos esa también problemática "fundamentación" —para llamarla de un modo ameno— de mis tics corporales (que, ya que estamos, son resultado de una enfermedad orgánica por la que tengo que tomar medicamentos) en lo que sería mi angustia al sentirme excluido de los aparatos académicos y no reconocido como un filósofo "serio" (¿alguien quizás se imagina cómo se haría sentir el grito de lo Políticamente Correcto si fuese, supongamos, una pensadora feminista y lesbiana la "analizada" a ese nivel?). Lo primero a decir: yo *sí* propongo un tipo de "ontología": mi trabajo no se limita a una reflexión deconstructiva de las inconsistencias de otras filosofías, y en cambio *sí* delinea cierta "estructura de realidad". O, puesto en términos kantianos brutalmente simplificados: el horizonte último de mi obra no es la narración múltiple de los fracasos cognitivos al estrellarse contra lo Real inaccesible. El movimiento "más allá de lo trascendental" está delineado en la primera parte de mi *Contragolpe absoluto*, en donde hago en detalle un despliegue del movimiento dialéctico básico, el de inversión del obstáculo epistemológico en imposibilidad ontológica que caracteriza a la Cosa en sí: el fracaso en mi esfuerzo por aferrar la Cosa tiene que ser (re)concebido como un rasgo propio de la Cosa, una imposibilidad inscripta en el núcleo mismo de lo Real (otro paso en esta dirección es la elaboración de la cuasi-ontología del "menos que nada" en mi lectura de las implicaciones ontológicas de la física cuántica).

Pero el corazón del problema está en otro lugar: en la aplicación *en* la filosofía de la oposición entre el Maestro y el Histérico. Para hacerla corta, si identificamos a la verdadera filosofía con el discurso del maestro estoicamente imperturbable, entonces Kant y Hegel dejan de ser filósofos. Después de Kant, esa "filosofía de cierto estilo clásico o neoclásico", esto es, la filosofía como "mirada del mundo", como gran traducción de la estructura elemental de la realidad entera, simplemente dejó de ser posible. Con el giro crítico de Kant, lo que "no está exactamente en el campo de la filosofía" es el pensamiento. Este ofrece "no una filosofía sino un método", y la filosofía se vuelve autorreflexiva, discurso que examina sus condiciones de posibilidad o, para ser más precisos, de imposibilidad. Kant, en resumidas cuentas, muestra su acostumbrado empeño en los prolegómenos a la metafísica en sí, en una danza preparatoria que eternamente pospone el momento de zambullirse en las aguas frías de la cosa. La metafísica (la descripción de la estructura racional jerárquica del universo) queda forzosamente presa en antinomias, ante la inevitable necesidad de ilusiones que cubran las grietas en la estructura; con Kant, en suma, la filosofía ya no es más discurso del Maestro, todo su edificio atravesado por una viga de inmanente imposibilidad, fracaso e inconsistencia. Con Hegel se da incluso un paso más: lejos de retornar a una metafísica racional pre-crítica (como los kantianos reprochan), la dialéctica hegeliana en su totalidad es una suerte de socavamiento histérico del Maestro (por eso Lacan llamó a Hegel "el más sublime de los histéricos"), de autodestrucción y autosuperación inmanentes de todo planteo metafísico. El "sistema" de Hegel, en definitiva, no es otra cosa que un recorrido sistemático por los fracasos de los proyectos filosóficos. En este sentido, todo el idealismo alemán está hecho de ejercicios en "antifilosofía". Ya el pensamiento crítico de Kant no es directamente filosofía sino prolegómenos a una filosofía futura, una puesta en cuestión de las condiciones de (im)posibilidad de la filosofía; Fichte ni siquiera llama a su pensamiento "filosofía" sino *Wissenschaftslehre*, "enseñanza del conocimiento científico", y Hegel sostiene que su pensamiento ya no es mera filosofía (amor a la sabiduría) sino sabiduría verdadera en sí. Por eso es que Hegel es "el más sublime de los histéricos": hay que tener presente que para Lacan la histeria es lo único capaz de producir conocimiento nuevo (en contraste con el discurso universitario, que solo puede reproducir conocimiento).

En tanto que la filosofía (ontología tradicional) es un ejemplo de discurso del Maestro, el psicoanálisis actúa como el agente de su histerización inmanente. La expresión "Lacan y la filosofía" solo puede abordarse de manera adecuada si evitamos la trampa de una clara línea divisoria: de un lado el psicoanálisis como práctica clínica específica, del otro la reflexión filosófica. Cuando Lacan asevera enfáticamente *je m'insurge contre la philosophie*, lo que hace, por supuesto, es identificar a la filosofía con una "mirada del mundo", una mirada del universo como un Todo abarcador de la suma de las divisiones y las inconsistencias. Cuando los filósofos desestiman la relevancia filosófica del psicoanálisis, lo que hacen, por supuesto, es reducirlo a una práctica clínica específica que debe lidiar con un fenómeno óntico particular (el de las patologías psíquicas). Ambas partes se equivocan: lo que pierden de vista es (no una unidad más alta que sintetiza a ambas sino) su intersección. La relación que guardan entre sí es la de las dos superficies de la cinta de Moebius: si nuestro andar progresa internándose en el corazón mismo de cualquiera de las dos, de repente nos encontramos por el camino opuesto. En todo el alcance de sus enseñanzas, vemos a Lacan comprometido en un intenso debate con la filosofía y los filósofos, desde los antiguos materialistas griegos a Platón, de los estoicos a Tomás de Aquino, de Descartes a Spinoza, de Kant a Hegel, de Marx a Kierkegaard, de Heidegger a Kripke. Es por medio de referencias a filósofos que Lacan despliega sus conceptos fundamentales: la transferencia, a través de Platón; el sujeto freudiano, por medio del *cogito* cartesiano; el *objet a* como plus de goce, por la vía de Marx y la plusvalía; la angustia y la repetición, pasando por Kierkegaard; la ética del psicoanálisis, pasando por Kant. A través de este diálogo constante, por supuesto que lo que hace Lacan es distanciarse de la filosofía (recordemos sus recurrentes y algo desafortunadas bromas en relación con la *Aufhebung* hegeliana o con la idea de autoconciencia, también de Hegel, como lo opuesto al sujeto dividido/barrado freudiano); sin embargo, en todos sus desesperados intentos por trazar una y otra vez la línea divisoria no hace sino reafirmar su compromiso con la filosofía, como si la única manera de delinear los conceptos básicos del psicoanálisis implicara un desvío filosófico. Aunque el psicoanálisis no es filosofía, toda su dimensión subversiva pasa por el hecho de que no es simplemente una ciencia o una práctica particular, y en cambio sí es algo que produce consecuencias radicales, por ejemplo, en la filosofía. El psicoanálisis es un "no" a la filosofía interno a esta; la teoría psicoanalítica hace referencia a un hiato/antagonismo que la filosofía vuelve borroso pero que a la vez es lo que ancla a la filosofía (Heidegger llamó a ese hiato "diferencia ontológica"). Sin ese nexo con la filosofía (con los puntos ciegos de la filosofía, con lo "primordialmente reprimido" en la filosofía), el psicoanálisis pierde su dimensión subversiva y se vuelve una práctica óntica más. Lo Real con lo que trata el psicoanálisis no es solo la realidad del sufrimiento psíquico del sujeto sino, de manera mucho más radical, las implicaciones (anti)filosóficas de la lectura freudiana de ese sufrimiento.

Solamente una filosofía así, atravesada de psicoanálisis, puede afrontar los retos de las ciencias modernas. O sea, ¿qué es la filosofía hoy? La respuesta que predomina entre los científicos contemporáneos es: algo cuyo tiempo se acabó. Incluso los problemas filosóficos más elementales se vuelven cada vez más problemas científicos: las principales cuestiones ontológicas tocantes a la realidad (¿nuestro universo tiene un límite en tiempo y espacio?, ¿lo rige el determinismo más estricto o hay lugar para la auténtica contingencia?) hoy son preguntas que se formula la cosmología cuántica; las cuestiones más antropológicas (¿somos libres?, esto es, ¿tenemos libre voluntad?) se las plantea la ciencia en torno al desarrollo evolutivo del cerebro; hasta la teología misma encuentra su lugar en las neurociencias (con su aspiración por traducir las experiencias místicas y espirituales en términos de procesos neuronales). Como mucho, lo que queda de filosofía son reflexiones epistemológicas en el proceso de los descubrimientos científicos.

CONTRA LA TENTACIÓN POPULISTA

Contra la tentación populista

[*Critical Inquiry* n°. 32, primavera, 2006,
The University of Chicago]

EL *No* DE LOS franceses y los holandeses al proyecto de una Constitución Europea fue un rotundo ejemplo de lo que en la "teoría francesa" se designa como un significante flotante: un *no* lleno de sentidos confusos, inconsistentes, sobredeterminados, una suerte de contenedor donde conviven la defensa de los derechos laborales y el racismo, las reacciones ciegas a lo que se percibe como una temible amenaza y las esperanzas utópicas más o menos vagas. Se nos dijo que el *No* era en realidad un *no* a muchas cosas: al neoliberalismo anglosajón, al gobierno de Chirac en Francia, al flujo inmigratorio de los obreros polacos que hacía que cayesen los salarios de los obreros franceses, y más. La verdadera lucha está en pie hoy: una lucha por el *significado* de este *no*. Porque, ¿quién va a apropiárselo?, ¿quién —si es que alguien lo hace— va a traducirlo en una coherente visión política alternativa?

Si hay una lectura del *No* que es la predominante, se trata de una nueva variación del viejo eslogan de Clinton "¡Es la economía, estúpido!", donde el *No* sería una supuesta reacción al letargo económico de Europa —rezagada respecto de los nuevos bloques emergentes de poder económico—, una reacción a la inercia de Europa en lo económico, en lo social y en lo ideológico-político. Pero una reacción paradójicamente inapropiada, reacción *en favor* justamente de esa inercia de los europeos privilegiados, de los que buscan aferrarse a los viejos privilegios del Estado de bienestar. Se trató de la reacción de la "vieja Europa", disparada por el miedo a cualquier cambio auténtico, el rechazo a las incertidumbres de ese mundo feliz de la modernización globalizante[1]. No es extraño que la reacción de la Europa "oficial" haya expresado un temor, casi lindante con el pánico, ante las peligrosas pasiones "irracionales", racistas y aislacionistas de quienes apoyaron el *No* desde una negación pueblerina a la apertura y el multiculturalismo. Uno está acostumbrado a escuchar a los que se quejan de la creciente apatía de los votantes o de la cada vez más baja participación popular en política; los liberales, alarmados, hablan constantemente de la necesidad de que las personas se movilicen en iniciativas surgidas de la sociedad civil, de que se involucren más en el proceso político. Sin embargo, cuando la gente se despierta de su modorra apolítica, lo hace invariablemente bajo la forma de una revuelta populista de derecha, y acaba no siendo

1. Muchos comentaristas proeuropeos destacan la buena disposición a soportar sacrificios económicos que muestran los países de Europa Oriental recientemente integrados a la Unión, en contraste con el comportamiento egoísta e intransigente del Reino Unido, Francia, Alemania y algunos otros miembros de larga data. Sin embargo, también habría que tener en cuenta la hipocresía de Eslovenia y otros nuevos miembros del Este, que actuaron como los socios flamantes de un club para pocos aspirando a que detrás de ellos se cerrase la admisión. Así es como acusan de racismo a Francia al tiempo que se oponen a que ingrese Turquía.

raro que muchos tecnócratas liberales ilustrados se pregunten si aquella "apatía" no era, en el fondo, una bendición.

Y en este punto hay que prestar atención al hecho de que incluso esos elementos que en apariencia constituyen un puro racismo de derecha son, en realidad, una versión desplazada de las reivindicaciones de los trabajadores. Por supuesto que es racista el reclamo por ponerle freno a la inmigración de trabajadores extranjeros que ponen en riesgo nuestros empleos; lo que sí habría que tener en cuenta es que la afluencia de trabajadores venidos de los países poscomunistas no es el resultado de cierta forma de tolerancia multicultural, sino que *es* parte efectiva de la estrategia del capital para contener las demandas de los trabajadores. Por eso es que en Estados Unidos el republicano Bush hizo más por la legalización de los inmigrantes ilegales mexicanos que los demócratas, sometidos a las presiones de los sindicatos. Irónicamente, el populismo racista de derecha es la mejor demostración actual de que la lucha de clases, lejos de haber quedado obsoleta, está en crecimiento. La lección que la izquierda debería extraer de esto es la de no cometer un error equivalente al del populismo racista en sus mistificaciones / transferencias de odio al extranjero que acaban tirando el agua del baño con el niño adentro, y no volcarse simplemente al repudio del racismo populista antiinmigratorio en nombre de la apertura multicultural pero tapando el contenido desplazado de lucha de clases. Por más bienintencionada que se pretenda, la mera insistencia en un aperturismo multicultural es la forma más artera de lucha contra la clase trabajadora.

Es típica, en este sentido, la reacción de los integrantes del *mainstream* político alemán ante la formación, en 2005, del partido *Die Link* [La Izquierda], una coalición del PDS de Alemania Occidental y los disidentes de izquierda del SPD. El propio Joschka Fischer [del partido ecologista y centroizquierdista Los Verdes] tocó uno de los puntos más bajos de su carrera cuando dijo que Oskar Lafontaine [La Izquierda] era "un Haider alemán" [Jörg Haider, líder de la derecha xenófoba en Austria], porque Lafontaine denunciaba que la importación de mano de obra barata de Europa del Este provocaba la caída de los salarios de los obreros alemanes. Es bastante sintomático que el establishment político (y cultural) reaccionara de modo tan exagerado y casi como en pánico al escuchar a Lafontaine usando la expresión "trabajadores extranjeros", o lo mismo ante las palabras del secretario del SPD cuando este dijo que los especuladores financieros eran una plaga de langostas, como si estuviéramos ante la presencia de todo un *revival* neonazi. Esta ceguera política total, esta pérdida de la capacidad misma de diferenciar entre izquierda y derecha, delata un pánico a la politización en sí. El rechazo automático a albergar cualquier forma de pensamiento que se salga de las coordenadas pospolíticas establecidas tachándolo de "demagogia populista" es, hasta el momento, la mejor prueba de que hoy vivimos concretamente bajo un nuevo *Denkverbot*. (La tragedia, claro, reside en el hecho de que el partido La Izquierda *es* concretamente un partido de pura protesta, sin un programa de cambio que sea viable y global).

EL POPULISMO: DE LAS ANTINOMIAS DEL CONCEPTO...

El *No* franco-holandés nos entrega, de este modo, la más reciente aventura en la historia del populismo. Para la elite ilustrada tecnócrata-liberal, el populismo es intrínsecamente protofascista, es la renuncia a la razón política, una rebelión que es desbordamiento de pasiones ciegas y utópicas.

La réplica más sencilla a toda esa desconfianza sería sostener que el populismo es intrínsecamente neutral: una suerte de dispositivo político trascendental-formal que puede incorporarse a diferentes compromisos políticos. Tal es la opción que Ernesto Laclau desplegó con sumo detalle.[2]

Para Laclau, en un lindo ejemplo de autorreferencia, la lógica misma de la estructuración hegemónica se aplica también a la oposición conceptual entre populismo y política: el populismo es el *objet a* lacaniano de la política, la figura particular que representa la dimensión universal de lo político, cosa que lo convierte en el "camino real" [*royal*] para la comprensión de lo político. Hegel suministró un término para ese solapamiento de lo universal por medio de una parte de su propio contenido particular: "determinación por oposición" *(gegensatzliche Bestimmung)*, el punto en que el género universal se encuentra a sí mismo en sus especies particulares. El populismo no es un movimiento político específico sino lo político en estado puro: la "inflexión" del espacio social capaz de afectar a cualquier contenido político. Sus elementos son puramente formales, "transcendentales", no ónticos; el populismo surge cuando una serie de demandas "democráticas" particulares (por más seguridad social, mejores servicios de salud, menos impuestos, más compromiso con lograr la paz, etc.) se encadena en una serie de equivalencias, y ese encadenamiento genera al "pueblo" como sujeto político universal. Lo que caracteriza al populismo no es el contenido óntico de esas demandas sino el mero hecho formal de que, por medio del encadenamiento de estas, el pueblo emerge como sujeto político y las distintas luchas y antagonismos particulares toman la forma

2. Ver Ernesto Laclau, *On Populist Reason* (Londres, Verso, 2005). Traducción: *La razón populista* (México, FCE, 2005). Para las citas que han de aparecer más adelante, se toma la traducción del FCE. [N. del T.]

de un enfrentamiento antagónico global entre "nosotros" (el pueblo) y "ellos". De nuevo, el contenido del "nosotros" y el "ellos" no es algo previamente establecido sino justamente lo que se pone en juego en la lucha por la hegemonía: incluso elementos ideológicos tales como el racismo o antisemitismo más brutales pueden ser un eslabón en una cadena de equivalencias populista, según el modo en que el "ellos" se construya.

Queda claro ahora por qué Laclau prefiere el populismo a la lucha de clases: el populismo brinda una matriz "trascendental" neutra de enfrentamiento abierto, cuyos contenidos y apuestas se definen a sí mismos en razón del enfrentamiento ocasional por la hegemonía, mientras que la lucha de clases presupone un grupo social particular (la clase obrera) como agente político privilegiado, con un privilegio que no es consecuencia de la lucha por la hegemonía sino que se basa en la "posición social objetiva" de ese grupo; la lucha ideológica y política queda, en última instancia, reducida a un epifenómeno de procesos y poderes sociales "objetivos" y sus conflictos. Para Laclau, por el contrario, el hecho de que una lucha particular se vea elevada a la categoría de "equivalente universal" de todas las luchas no es un factor determinado de antemano, sino el resultado de la lucha política contingente por la hegemonía. En determinado contexto, esa lucha puede ser la lucha de los trabajadores; en otro contexto, será la lucha anticolonialista patriótica, y en otro la lucha antirracista en favor de la tolerancia cultural. No hay nada en las cualidades positivas inherentes de cada lucha particular que la predestine a cumplir ese rol hegemónico de "equivalente general" de todas las luchas. La lucha por la hegemonía, de este modo, no solo presupone una grieta insalvable entre la forma universal y la multiplicidad de los contenidos particulares, sino también lo contingente del proceso por el que uno de esos contenidos se "transustancia" en la encarnación inmediata de la dimensión universal, como sería el caso —el ejemplo es del propio Laclau— de las demandas particulares de Solidarnosc en la Polonia de los años 80, elevadas a encarnación del rechazo general del pueblo al régimen comunista, de modo que las distintas versiones de la oposición anticomunista (desde la oposición nacionalista-conservadora, pasando por la oposición democrático-liberal y la disidencia cultural, hasta llegar a la oposición de la izquierda obrera) se reconocían a sí mismas en el significante vacío *Solidarnosc*.

Así es como Laclau intenta diferenciar su postura a la vez del gradualismo (que comprime la dimensión misma de lo político: lo único que queda es la realización gradual de demandas "democráticas" particulares dentro de un espacio social diferenciado) y de la idea opuesta de una revolución total que desembocaría en una sociedad plenamente autorreconciliada. Lo que ambos extremos pierden de vista es la lucha por la hegemonía en la que una demanda particular se eleva a la dignidad de Cosa, pasando a ser representativa de la universalidad del "pueblo". Así, el campo de la política queda atrapado en una tensión irreductible entre significantes vacíos y flotantes: algunos significantes concretos comienzan funcionando como vacíos, encarnando de manera directa la dimensión universal, incorporando en la cadena de equivalencias —que estos totalizan— una buena cantidad de significantes flotantes[3].

---

3. Esta distinción es homóloga a la que emplea Michael Walzer al hablar de una moralidad "fina" y otra "gruesa". En *Thick and Thin* (Notre Dame, 1994), Walzer pone como ejemplo la gran manifestación en las calles de Praga en 1989 que derribó al régimen comunista. El grueso de las pancartas simplemente decía "Verdad", "Justicia" o "Libertad", eslóganes generales con los que hasta la dirección del

Laclau moviliza esa grieta entre la necesidad "ontológica" de un voto de protesta populista (condicionado por el hecho de que el discurso del poder hegemónico no puede incorporar toda una serie de reclamos populares) y el contenido óntico coyuntural al que ese voto va unido, para así explicar el supuesto giro hacia el populismo de derecha del Frente Nacional adoptado por muchos votantes franceses que hasta los años 70 habían apoyado al Partido Comunista. La elegancia de esta solución es que nos evita el aburrido tópico de una supuesta solidaridad más profunda (y totalitaria, por supuesto) entre la extrema derecha y la "extrema" izquierda[4].

Aunque la teoría de Laclau sobre el populismo sobresale en nuestros días como uno de los grandes (y, por desgracia para la teoría social, raros) ejemplos de auténtico rigor conceptual, habría que señalar, de todos modos, un par de rasgos problemáticos. El primero de ellos atañe justamente a su definición de populismo. La serie de condiciones formales que Laclau enumera no basta para justificar que a determinado fenómeno se lo llame "populista", y uno también debe tener en cuenta el modo en que el discurso populista emplaza el antagonismo y construye al enemigo. En el populismo, el enemigo se externaliza o se reifica en una entidad ontológica positiva (aunque esa entidad sea espectral) cuya aniquilación restablecerá el equilibrio y la justicia. De manera simétrica, nuestra propia identidad —la del agente

Partido Comunista debía concordar. La clave estaba, por supuesto, en el entramado de reclamos "gruesos" (específicos, determinados) en favor de la libertad de prensa, elecciones pluripartidistas, etc., que daban a entender lo que el pueblo realmente quería decir cuando usaba eslóganes simples y generales. En definitiva, no era solo una lucha por la libertad y la justicia, sino por el significado mismo de esas palabras.

4. Laclau, *On Populist Reason*, p. 88.

político populista— se percibe como preexistente al ataque del enemigo. Observemos el preciso análisis que hace el mismo Laclau del *cartismo* [movimiento popular británico en el siglo XIX] como un populismo:

> *Su leitmotiv dominante consistió en situar los males de la sociedad no en algo inherente al sistema económico, sino, al contrario, en el abuso de poder de los grupos parasitarios y especulativos que detentaban el control del poder político: la "vieja corrupción", en palabras de Cobbett (...). Fue por esta razón que el rasgo más fuertemente resaltado de la clase dirigente fue su ociosidad y parasitismo[5].*

En otras palabras, para un populista la causa de los problemas nunca es el sistema como tal, sino el intruso que lo corrompe (son los especuladores financieros, por ejemplo, y no necesariamente los capitalistas); no se trata, en definitiva, de un vicio fatalmente inscripto en la estructura, sino de un elemento que no desempeña correctamente su rol dentro de ella. Por el contrario, para un marxista (como para un freudiano), lo patológico (el comportamiento desviado de ciertos elementos) es síntoma de lo normal, un indicador de lo que está mal en la estructura misma en la que se integran como amenaza esos arrebatos "patológicos". Para Marx, las crisis económicas son la clave para entender el funcionamiento "normal" del capitalismo; para Freud, los fenómenos patológicos, como los brotes histéricos, suministran la clave de la constitución (y de las contradicciones ocultas que sostienen el funcionamiento) de un sujeto "normal". Por esto es que el fascismo es, sin duda, un tipo de populismo. Su figura del judío es el punto equivalente de la serie (heterogénea y, por lo demás, inconsistente)

5. Laclau, op. cit., p. 90.

de amenazas que experimentan los individuos; el judío es considerado con todas características en simultáneo: un individuo demasiado intelectual, sucio, sexualmente voraz, exageradamente trabajador, un explotador financiero. Y aquí encontramos otro rasgo crucial del populismo, y uno que Laclau no menciona. Laclau subrayaba con buen criterio que el significante maestro populista para el enemigo es vacío, vago, impreciso y demás:

> *Afirmar que la oligarquía es responsable de la frustración de las demandas sociales no es afirmar algo que puede ser comprendido a partir de las mismas demandas sociales, sino que es provisto desde afuera de esas demandas por un discurso en el cual estas pueden inscribirse. (...) Es aquí donde necesariamente surge el momento de la vacuidad, que sigue al establecimiento de los vínculos equivalenciales. Ergo, hay "vaguedad" e "imprecisión", pero que no resultan de ningún tipo de situación marginal o primitiva, ya que se inscriben en la naturaleza misma de la política[6].*

Sin embargo, en el populismo en sentido estricto este carácter "abstracto" siempre se complementa con la pseudoconcretitud en la figura que se selecciona como el enemigo, ese agente particular que está detrás de todas las amenazas al pueblo. Hoy por hoy uno puede comprar teclados de computadora que imitan artificialmente la resistencia al tacto de las viejas máquinas de escribir, así como el sonido que hacían las teclas al impactar contra el papel: ¿hay otro ejemplo mejor de la necesidad actual de *pseudoconcretitud*? Hoy, cuando no solo las relaciones sociales sino la misma tecnología se vuelve cada vez menos traslúcida (¿quién puede visualizar lo que pasa dentro de

---

6. Laclau, op. cit., pp. 98-99.

una PC?), existe una enorme necesidad de recrear una concretitud artificial que haga posible que los individuos se relacionen con sus complejos entornos como quien lo hace en un mundo y una vida plenos de significado. En el terreno de la programación de computadoras, ese fue el paso que dio Apple al desarrollar la pseudoconcretitud de los íconos. La vieja fórmula de Guy Debord respecto de la "sociedad del espectáculo" conoce, así, un nuevo giro: las imágenes se crean para llenar la grieta que separa al nuevo universo artificial de las vecindades materiales del viejo mundo-vida, esto es, para lograr que este nuevo universo sea doméstico. ¿Y no es, acaso, aquella figura populista pseudoconcreta del judío condensando una gran variedad de fuerzas anónimas que nos determinan, un caso análogo al del teclado de la computadora que imita a la vieja máquina de escribir? El judío como enemigo claramente surge desde afuera de esas reivindicaciones sociales que se autorreconocen frustradas.

Este añadido a la definición de populismo de Laclau no implica en modo alguno un regreso al nivel óntico; seguimos en el nivel ontológico-formal y, al tiempo que aceptamos la tesis de Laclau de que el populismo es una determinada lógica política formal que no está atada a ningún contenido, lo que hacemos es añadirle este rasgo (no menos "trascendental" que los otros) de su reificación del antagonismo en una entidad positiva. En tanto tal, el populismo por definición contiene un mínimo, una forma elemental de mistificación ideológica, y esa es la razón por la que, aun cuando efectivamente no sea más que un marco formal o una matriz de lógica política capaz de encauzar distintas torsiones políticas (nacionalismo reaccionario, nacionalismo progresista, etc.), aun así, y en la medida en que su propio sentido es el de transformar el antagonismo social inmanente en un antagonismo entre el pueblo unificado y su enemigo exterior, alberga en última instancia una tendencia protofascista a largo plazo[7].

Es problemático, por esta misma razón, considerar cualquier tipo de movimiento comunista como una versión de populismo. Tras sugerir la posibilidad de que el elemento de identificación común que mantiene unida a una multitud pueda pasar de la persona del líder a una idea impersonal, Freud afirma: "Eso abstracto podría encarnarse a su vez de manera más o menos completa en la persona de un conductor secundario, por así decir; en tal caso, del vínculo entre idea y conductor resultarían interesantes variedades"[8]. ¿Y acaso esto no resulta especialmente adecuado de cara al líder estalinista que, en contraste con el líder fascista, es un "conductor

7. Muchos de los que están a favor del régimen venezolano de Hugo Chávez hacen una distinción entre el extravagante y por momentos payasesco estilo de su caudillismo y el amplio movimiento popular de los pobres y los desposeídos autoorganizados que sorprendentemente lo llevaron de vuelta al poder después del golpe apoyado por Estados Unidos que lo había derribado. El error en esta concepción está en pensar que lo segundo puede darse sin lo primero: el movimiento popular *necesita* la identificación con la figura del líder carismático. La limitación de Chávez reside en otro aspecto, en un factor que es justamente el que hace que su rol sea posible: los ingresos por el petróleo. Es como si el petróleo fuera siempre una bendición complicada, si no directamente una maldición. Gracias a este recurso, Chávez puede seguir teniendo gestos populistas sin tener que pagar su verdadero precio, sin inventar algo verdaderamente nuevo en lo económico. El dinero le permite adoptar medidas populistas y anticapitalistas inconsistentes, dejando incólume el edificio capitalista, lo que significa no actuar sino posponer la acción, el cambio radical. (Pese a su retórica antiestadounidense, Chávez vela por la salud de los contratos entre Venezuela y Estados Unidos: es, realmente, "un Fidel con petróleo").

8. Sigmund Freud, *Psicología de las masas*, en: *Obras completas*, Tomo XVIII (Bs.As., Amorrortu, 1992), p. 95.

secundario", un instrumento-personificación de la idea comunista? Esta es la razón por la que los movimientos y regímenes comunistas no pueden categorizarse como populistas.

El análisis de Laclau incluye algunas debilidades adicionales. Su abordaje del populismo toma como unidad mínima la noción de "demanda social" (en sus dos significados: como solicitud y como reclamo). Hay una razón estratégica evidente al elegir ese término: el sujeto de la demanda se constituye en el hecho mismo de plantearla; de igual modo, el "pueblo" se constituye a sí mismo a través de una cadena equivalencial de demandas. El pueblo es el resultado performativo del planteo de sus demandas, y no un grupo preexistente. De todos modos, el término *demanda* pone en juego todo un escenario teatral en el que un sujeto dirige su demanda a otro que se supone idóneo para recibirla. Y el acto político revolucionario o emancipador, ¿no se efectúa más allá de ese horizonte de demandas? El sujeto revolucionario no opera en el nivel del demandar algo a quienes detentan el poder; lo que quiere es destruir a estos últimos. Por lo demás, Laclau llama "democrática" a ese tipo de demanda elemental, previa a su eventual encadenamiento en una serie de equivalencias; como él mismo lo explica, recurre a ese giro bastante idiosincrásico para señalizar una demanda que sigue funcionando dentro del sistema sociopolítico, o que se recibe en tanto demanda particular de manera tal que no queda frustrada ni se ve (en razón de lo anterior) forzada a inscribirse en el interior de la serie antagónica de equivalencias. Aun cuando Laclau remarca que en un espacio político institucionalizado "normal" pueden darse muchos conflictos particulares —negociados uno por uno, sin que pongan en juego alianzas o equivalencias transversales—, se muestra asimismo consciente de que también pueden formarse cadenas de equivalencias en esos espacios. Recordemos el caso británico durante el mandato del conservador John Major en los 90: allí, la figura de la madre soltera desempleada se elevó a símbolo universal de lo que estaba mal en el viejo sistema del Estado de bienestar, y todos los otros males sociales se circunscribieron de algún modo a esa figura (así, la crisis presupuestaria era porque se gastaba demasiado en ayudar a esas madres, la delincuencia juvenil era porque ellas no ponían disciplina en la educación de sus hijos, etc., etc.).

Laclau, sin embargo, se olvida de remarcar no solo la singularidad de la democracia en función de su contraposición conceptual básica entre la lógica de las diferencias (la sociedad como un sistema regulado global) y la lógica de las equivalencias (el espacio social como división entre dos campos antagónicos que equiparan sus diferencias internas), sino también todo el entramado interno de esas dos lógicas. Lo primero a destacar respecto de esto es que solo en un sistema político democrático la lógica antagónica de equivalencias está inscripta ya en los cimientos de ese sistema político como su rasgo estructural básico. Se diría que mucho más pertinente en este punto es la obra de Chantal Mouffe[9] en su tentativa heroica por aunar democracia y espíritu de lucha agonista rechazando los enfoques extremos de ambos lados: la celebración del choque que deja en suspenso a la democracia y sus reglas (Nietzsche, Heidegger, Schmitt), y la evacuación de la lucha fuera del espacio democrático en una suerte de anémica competición atada a un juego de reglas (Habermas). Sobre esto Mouffe tiene razón cuando destaca que la violencia retorna como venganza en la exclusión de aquellos que no se ajustan a las normas de la comunicación

9. Ver particularmente su libro *The democratic paradox* (Londres, Verso, 2000). [*La paradoja democrática*, Barcelona, Gedisa, 2003]

irrestricta. Como sea, la principal amenaza a la democracia en los países democráticos actuales no reside en ninguno de esos dos extremos, sino en la muerte de lo político por medio de la mercantilización de la política. El riesgo aquí no es tanto el modo en que los políticos se envasan y se venden como mercancía de cara a las elecciones; mucho más serio es que las elecciones mismas se conciben bajo el guion de una compra más (de una mercancía que en este caso se llama "poder"), en lo que implica una competencia entre distintos partidos-mercancía donde nuestro voto es como dinero que ponemos para comprar el gobierno que queremos. Lo que se borra en ese tipo de concepción de la política como otro servicio que podemos adquirir es la política misma en tanto debate público en torno a asuntos y decisiones que nos conciernen a todos.

La democracia, en definitiva, no solo incluye el antagonismo, sino que es la única forma política que lo requiere y lo presupone, que lo *institucionaliza.* Lo que en otros sistemas políticos se percibe como amenaza (la falta de un aspirante "natural" al poder), la democracia lo eleva a condición positiva "normal" de su funcionamiento: el lugar del poder está vacío, no hay un aspirante "natural" a él; el *polemos* es inevitable, y todo mandato efectivo se logra después de una lucha. Por eso es que Laclau se equivoca cuando remite críticamente a Lefort: "El *lugar* del poder en las democracias está, para Lefort, vacío. Para mí, la cuestión se plantea de manera diferente: es una cuestión de *producción* de vacuidad a partir del funcionamiento de la lógica hegemónica. La vacuidad es, para mí, un tipo de identidad, no una ubicación estructural"[10]. Son dos vacíos que simplemente no podemos comparar. El vacío del "pueblo" es el vacío del significante

10. Laclau, op. cit., p.166.

hegemónico que totaliza a la cadena de equivalencias, aquel cuyo contenido particular se "transustancia" encarnando al Todo social, mientras que el vacío del lugar del poder es una distancia que hace que cualquier ejercicio del poder sea deficiente, contingente, temporal.

Otro rasgo que Laclau descuida tiene que ver con la paradoja fundamental del fascismo autoritario, que es casi el negativo de lo que Mouffe denomina "paradoja democrática". Si la democracia (institucionalizada) apuesta a integrar la lucha antagónica dentro del espacio institucional diferenciado, convirtiéndola en un combate regulado, el fascismo procede en sentido opuesto. En su manera de actuar, el fascismo lleva al extremo la lógica del antagonismo (planteando una "lucha a muerte" con sus enemigos y alegando siempre —si no implementándola— una cuota de amenaza extrainstitucional de violencia, de presión popular directa que se saltea los complejos canales institucionales y legales), mientras que, respecto de su objetivo político, postula justamente lo contrario, un cuerpo social jerárquico sumamente ordenado (por lo que no nos sorprende que el fascismo suela recurrir a metáforas orgánicas y corporativas). Tal contraste puede captarse claramente en términos de Lacan y su oposición entre sujeto de la enunciación y sujeto del enunciado (o contenido). La democracia asume la lucha antagónica como su objetivo (su enunciado, en sentido lacaniano), mientras que en su manera de proceder es regulada y sistemática; el fascismo, por el contrario, pretende imponer por meta una armonía jerárquicamente estructurada a la que se llega tras un enfrentamiento sin riendas.

Podemos arribar así a la conclusión de que el populismo (teniendo en cuenta la definición de Laclau y los añadidos que aquí se propusieron) no es el único modo de existencia de un antagonismo que sobrepasa el marco institucional democrático para la lucha antagónica. Las distintas organizaciones revolucionarias comunistas (hoy difuntas), lo mismo que la amplia gama de fenómenos de protesta social y política no institucionales (desde los movimientos estudiantiles en torno a1968 hasta las posteriores manifestaciones antibélicas y el más reciente movimiento antiglobalización), no se prestan, en rigor, a que se los considere populistas. Es emblemático el caso del movimiento contra la segregación racial a fines de los 50 y comienzos de los 60, y que acabó condensándose en torno a Martin Luther King: aunque se empeñó en articular una demanda que no tenía cabida en las instituciones democráticas existentes, tampoco podría decirse que era un movimiento populista en sentido estricto. Su modo de encauzar la lucha y moldear a su oponente simplemente no era populista. (En este punto habría que insertar una observación más general sobre los movimientos populares organizados con un objetivo puntual, como puede ser el caso de las "revueltas fiscales" en Estados Unidos: aunque funcionen de manera populista, movilizando a la gente en torno a una demanda que las instituciones democráticas desoyen, no parecen apoyarse en una compleja cadena de equivalencias, sino que permanecen ceñidos a ese reclamo particular).

...AL PUNTO MUERTO DE LOS COMPROMISOS POLÍTICOS

En 2004, George Lakoff, un filósofo del lenguaje post-chomskiano que en su momento había sido conocido básicamente por sus estudios sobre la metáfora, ganó popularidad de un día para otro dentro del Partido Demócrata estadounidense tras redactar un informe práctico y bastante elemental acerca de los distintos errores cometidos por los demócratas y la manera de subsanarlos para que el partido recuperase poder de convocatoria. Vistos desde estas páginas, los planteos de aquel informe cobran nuevo interés en la medida en que comparten varios de los rasgos de la estructura teórica de Laclau. Los une, ante todo, el giro desde una visión más cerrada de la lucha política como conflicto entre agentes que operan siguiendo cálculos racionales (en base a sus intereses particulares) a un enfoque más abierto donde lo que tenemos es un conflicto de pasiones sostenido por una retórica inexorablemente metafórica. Para Laclau, la metáfora se inscribe en el corazón mismo de la lucha por la hegemonía político-ideológica; la operación fundamental de la hegemonía, la elevación de un contenido particular al nivel de encarnación directa de lo universal, literalmente pone en escena un cortocircuito metafórico.

Hay que tener en cuenta que Lakoff es un auténtico anti-chomskiano que descree del poder del razonamiento claro y la capacidad de especificarlo todo (no es de extrañar que entre él y su antiguo maestro Chomsky exista una importante animosidad personal y profesional). Lakoff elige hacer suyo un curioso enfoque anti-iluminista en torno a lo que él denomina "paradigma racionalista-materialista"; sostiene que las personas no siguen cálculos racionales en pos de su interés individual, sino que piensan valiéndose de estructuras narrativas inconscientes organizadas alrededor de alguna metáfora central. Las creencias de la gente, dice, se apoyan en ese tipo de marcos, no en una argumentación racional. Volvemos así a la vieja oposición mito/logos, retórica vs. razonamiento, metáfora vs. conceptualización estricta. El análisis de Lakoff oscila entre el florido *racconto* de esas modulaciones cotidianas que dicen más de lo que parecen decir (como, por ejemplo, la referencia usual de los medios de prensa estadounidenses en 2004 a la "finca" [*estate*] de Kerry frente al "rancho" [*ranch*] de Bush) y el desciframiento pseudo-freudiano más bien primitivo. Sobre los ataques del 11/9, escribe: "Las torres simbolizan el poder fálico, y su derrumbe refuerza la idea de pérdida de poder. Hay otro tipo de imaginería fálica más fundamental aquí: los aviones penetrando en las torres con un penacho de fuego, y el Pentágono, desde el aire —una imagen vaginal—, penetrado por el avión como un misil"[11]. En su variante *naif* del freudismo, no debería sorprendernos que para Lakoff las grandes metáforas organizativas se amolden a esquemas idealizados de familia, en donde los conservadores son los que ven desde la óptica paterna estricta —la del jefe del clan que le ordena la vida a su esposa y les pega a sus hijos para inculcarles disciplina y autosuficiencia adultas— mientras que los progresistas son los que prefieren un modelo de crianza donde padre y madre se esfuerzan y apoyan mutuamente (como se habrá notado, ambos son modelos de familia por igual, como si fuera imposible desconectar a la política de sus raíces familiares libidinales y fantasmáticas).

En conclusión, Lakoff propone que la izquierda, en vez de aborrecer las vehemencias del lenguaje metafórico en nombre de la argumentación racional y la moralización abstracta, debería dar batalla en ese mismo terreno y aprender a brindarles a los votantes estructuras de ese tipo, que son más seductoras[12]. Hacia el final de *No pienses en un*

---

11. George Lakoff, *Don't think of an Elephant!*, Nueva York, Chelsea Green Company, 2004, p. 55. [Se sigue la traducción al castellano: *No pienses en un elefante*, Madrid, Univ. Complutense, 2007]

12. Siendo ligeramente malicioso, hay que decir que hubo momentos en que la izquierda recurrió a estructuraciones de esas características, en procedimientos que no fueron, desde ya, muy honrosos que digamos. Algo así ocurrió en torno a 1940 para legitimar las farsas judiciales de

elefante, escribe Lakoff: "Hace más de treinta años que los conservadores han definido sus valores, sus principios y sus direcciones políticas, exponiéndolos a la opinión pública con tanta eficacia que pueden evocarlos todos con una filosofía expresada en diez palabras: Defensa Fuerte, Mercados Libres, Impuestos Bajos, Menos Gobierno, Valores Familiares". Tras lo cual propone una similar filosofía en diez palabras para los liberales: "Norteamérica Fuerte, Amplia Prosperidad, Futuro Mejor, Gobierno Eficaz, Responsabilidad Compartida"[13]. Pero la debilidad de esta propuesta ya ha sido notada. Mientras que la fórmula conservadora presenta lo que parece ser un set de elecciones claras que exigen adoptar posiciones confrontativas (Defensa Fuerte contra los impulsores del desarme, Mercados Libres contra regulación estatal, Impuestos Bajos contra programas sociales que elevan el gasto público, etc.), la fórmula liberal consiste en generalidades y frases bienpensantes a las que nadie se opondría (¿quién está en contra de una Amplia Prosperidad, un Futuro Mejor o un Gobierno Eficaz?). Al final, lo único que tenemos es una retórica vehemente y violenta a la que le sale al cruce otra retórica hueca y sentimental. Lo raro es que Lakoff, eminente lingüista especializado en semántica, no se percate de la debilidad de su propuesta, debilidad que puede ser formulada justamente en los términos de Laclau: es algo que carece de esa carga antagónica que se logra al establecer con claridad un enemigo, lo que constituye el *sine qua non* de toda fórmula política efectivamente movilizadora.

De modo que estamos lejos de sugerir que Lakoff propone una política a lo Laclau. Por el contrario, es justamente remitiéndonos a Laclau como podemos ver las limitaciones del

la década del 30.

13. Lakoff, op. cit, pp. 93-94.

planteo de Lakoff por debajo de las aparentes similitudes. Según el senador Dick Durbin, uno de los pilares de Lakoff en la *nomenklatura* demócrata, el lingüista en cuestión no nos pide que cambiemos nuestro punto de vista o nuestra filosofía; lo que nos pide, dice, es que recomuniquemos. Los republicanos lograron empaquetar exitosamente viejas ideas en envoltorios novedosos; la lucha, así entendida, se reduce a mera retórica. Las ideas (lo mismo que la política "real") no cambiaron; todo es cuestión de saber envolver y vender (o, puesto en lenguaje más "humano", saber sentar una buena comunicación). De modo que también puede decirse que Lakoff, que se apoya en un defensor de su tesis como lo es Durbin, en el fondo no estaría tomándose muy en serio su propio énfasis en el poder de la estructuración metafórica, ya que le reconoce un papel bastante secundario de packaging. Y en esto es claro el contraste con Laclau, para quien la retórica es operativa en el corazón mismo del proceso político-ideológico, en el establecimiento de la articulación hegemónica; aunque a veces Laclau parece caer en la tentación de reducir los problemas de la izquierda actual a un fracaso "meramente retórico", como en el siguiente pasaje:

> *La derecha y la izquierda no se enfrentan en el mismo nivel. Por una parte, la derecha trata de articular los distintos problemas que tiene la gente en alguna suerte de imaginario político y, por otra, la izquierda emprende la retirada hacia un discurso puramente moral que no se involucra en la lucha por la hegemonía [...]. El problema principal de la izquierda es que la lucha no se desarrolla hoy en este nivel del imaginario político. Ella se limita a un discurso racionalista sobre derechos, concebidos de manera puramente abstracta, sin entrar en la palestra de la lucha hegemónica, y sin este compromiso no es posible una alternativa política progresista[14].*

14. Entrevista a E. Laclau y Ch. Mouffe, en Mary Zournazi, *Hope: new philosophies for change*, Pluto Press Australia, Annandale, 2002, p.145.

De modo que el principal problema de la izquierda es su incapacidad para proponer una visión apasionada de cambio global. ¿Pero en verdad es tan simple? ¿Realmente la solución para la izquierda es abandonar el discurso racionalista "puramente moral" y proponer una visión más involucrada en el imaginario político, una visión que pueda competir con los proyectos neoconservadores así como con algunas concepciones izquierdistas de tiempos pasados? ¿No se parece mucho este diagnóstico a la proverbial respuesta que el médico le da a su paciente preocupado: "lo que usted necesita es un buen consejo médico"? ¿Por qué mejor no hacernos la pregunta elemental? Esto es, ¿cómo sería concretamente esa nueva visión de izquierda en sus contenidos? ¿Acaso la decadencia de la izquierda tradicional, su repliegue hacia el discurso racionalista moral que ya no participa de la lucha por la hegemonía, no es algo condicionado por los grandes cambios en la economía global durante las últimas décadas? ¿Dónde se encuentra, entonces, la mejor solución global de izquierda a nuestro problema actual? Pese a todo lo que se dice en contra de la Tercera Vía, esta al menos intentó ofrecer una visión que tuviera en cuenta esos cambios. No es extraño que, a medida que más nos aproximamos al análisis político concreto, más entremos en el reino de la confusión. En una entrevista no hace mucho tiempo, Ernesto Laclau me acusó de un modo bastante extraño diciendo lo siguiente:

Zizek respondió a una entrevista diciendo que el problema de los Estados Unidos es que actúan como una potencia global y no piensan como una potencia global sino en términos de sus propios intereses. La solución sería, entonces, que pensaran y actuaran como potencia global, que asumieran su rol de gendarmes mundiales. Afirmar esto, para alguien como Zizek que viene de la tradición hegeliana, significa que los Estados Unidos tendrían que ser la clase universal. (…) La función que Hegel atribuía al Estado y Marx al proletariado ahora Zizek espera que la cumpla el imperialismo estadounidense. No hay ninguna base para pensar que las cosas vayan a ser de esa manera. Y no creo que ninguna causa progresista, en ningún lugar del mundo, pueda pensar en esos términos[15].

Traigo este pasaje no para demorarme en la interpretación ridículamente maliciosa que allí se propone; por supuesto, yo nunca defendí que Estados Unidos fuera una clase universal. Cuando manifesté que Estados Unidos actúa a nivel global y piensa a nivel local, en ningún momento sugerí que el país debía pensar y actuar globalmente. De lo que se trataba simplemente era de marcar que esa brecha entre universalidad y particularidad es estructuralmente necesaria, y que ahí reside la razón por la que Estados Unidos está cavando a la larga su propia tumba. Por lo demás, *ahí es* donde reside mi hegelianismo: el "motor" del proceso histórico-dialéctico es justamente esa grieta entre acción y pensamiento. La gente no hace lo que cree estar haciendo; mientras que el pensamiento es formalmente universal, el acto como tal es particularizante, y por esa razón es que no existe, para Hegel, un sujeto histórico autotransparente. Todos los sujetos sociales actúan siempre y por definición presos de las artimañas de la razón, y desempeñan su rol justamente mientras fracasan en el cumplimiento de las tareas que se propusieron. En consecuencia, la brecha de la que hablamos no es solo la brecha entre la forma universal del pensamiento y los intereses particulares sobre los que descansan nuestros actos legitimados por el pensamiento universal. El verdadero descubrimiento de Hegel consiste en que es justamente la forma universal como tal, en su

15. Entrevista a E. Laclau, "Las manos en la masa", Página/12, Suplemento Radar, 5-6-2005, p. 20.

oposición al contenido particular al que excluye, la que se particulariza a sí misma, se convierte en su opuesto, por lo que no hace falta buscar ningún contenido "patológico" particular que opaque a la pura universalidad.

Pero si traje a cuento ese trecho recién citado es por esta razón: para hacer un preciso señalamiento teórico acerca del estatus de la universalidad, teniendo en cuenta que nos enfrentamos a dos lógicas de universalidad opuestas, que hay que distinguir puntualmente. De un lado está la burocracia del Estado como la clase universal de una sociedad (o podemos pensar, con un alcance más amplio, en los Estados Unidos como la policía mundial, el encargado universal de garantizar y hacer cumplir los derechos humanos y la democracia), esto es, el agente directo del orden global; por otro lado, está la universalidad "supernumeraria", la universalidad encarnada en el elemento que se sale del orden existente y que, aunque es interno a ese orden, no tiene un lugar adecuado dentro de él (lo que, en *El desacuerdo*, Jacques Rancière llama la "parte de la no-parte"). No es solo que ambas cosas son distintas, sino que, en última instancia, la lucha es justamente entre esas dos universalidades —no apenas entre los elementos particulares de la universalidad, no solo en función de que un contenido particular hegemonice la forma vacía de la universalidad—, es decir, es un combate que dos *formas* específicas de universalidad entablan entre sí[16].

16. La anécdota que ejemplifica mejor que cualquier otra el problema con el primer tipo de universalidad es la historia de aquel soldado inglés de clase trabajadora que, en medio de la Primera Guerra Mundial, y en un día de licencia, se cruza con un joven de clase alta y se indigna ante el ritmo de vida tranquilo y frugalmente británico (cumpliendo el ritual del té y demás) que lleva ese otro al que la guerra parece no perturbar en absoluto. Cuando el soldado estalla contra el joven y le pregunta: "¿Cómo es posible que estés ahí sentado disfrutando, mientras

Por eso es que Laclau se equivoca cuando opone *clase trabajadora* y *pueblo* en base al eje de un contenido conceptual *versus* el efecto de una nominación radical: la *clase trabajadora* designando a un grupo social preexistente, caracterizado por su contenido sustancial, y el *pueblo* en cambio surgiendo como agente unificado en el mismo hecho de la nominación. Según su planteo, no hay nada en la heterogeneidad de las demandas que predisponga a estas hacia su unificación en el *pueblo*[17]. Sin embargo, Marx hace una distinción entre clase trabajadora y proletariado, donde la primera es efectivamente un grupo social concreto, mientras que el segundo designa una posición subjetiva. Por esto es que Laclau también se equivoca en su lectura crítica de la oposición que hace Marx entre proletariado y lumpenproletariado: la distinción no es entre un grupo social objetivo y un no-grupo (un excedente residual sin un lugar adecuado en el edificio social), sino entre dos formas de ese excedente residual que generan dos posiciones subjetivas diferentes. Lo que se desprende del análisis de Marx es que, paradójicamente, aunque el lumpenproletariado parece más radicalmente desplazado del cuerpo social que el proletariado, en realidad encaja mucho más cómodamente en el edificio social. Si apelamos a la distinción kantiana entre juicio negativo y juicio infinito, el lumpenproletariado no es exactamente un no-grupo (la negación inmanente de un grupo, un grupo que es un no-grupo), sino que no es un grupo, y su exclusión de los distintos estratos no solo consolida la identidad de los demás grupos, sino que hace de él un elemento libre, flotante, disponible para que cualquier

nosotros nos sacrificamos para defender nuestro modo de vida?", el joven responde sin despeinarse: "¡Es que yo *soy* el modo de vida que ustedes defienden en las trincheras!".

17. Laclau, op. cit., p.183.

estrato o clase lo use. Puede ser el elemento carnavalesco radical en la lucha obrera, el que empuja a los trabajadores a pasar de una estrategia moderada a una confrontación abierta, o el elemento utilizado por la clase dominante para corromper desde adentro a la oposición (la larga tradición de los delincuentes que en realidad están al servicio del poder). La clase trabajadora, por el contrario, es un grupo que es en sí mismo, *en tanto* grupo dentro del edificio social, un no-grupo; en otras palabras, un grupo cuya posición es en sí misma contradictoria: una fuerza productiva. Para perpetuarse a sí mismos y a su situación dominante, los que están en el poder necesitan a la clase trabajadora, sin que puedan encontrar, sin embargo, un lugar adecuado para ella.

Esto nos lleva al principal reproche que Laclau le hace a Marx respecto de su crítica de la economía política: esta vendría a ser una ciencia positiva "óntica", que delimita una parte de la realidad social sustancial, de modo que cualquier política emancipatoria que tenga sus fundamentos en la crítica de la economía política (en otras palabras, cualquier prerrogativa que se le otorgue a la lucha de clases) reduce lo político a un epifenómeno incrustado en la realidad sustancial. Tal concepción desconoce lo que Derrida llamó la dimensión "espectral" de la crítica de la economía política de Marx: lejos de ofrecer la ontología de un determinado ámbito social, la crítica de la economía política demuestra cómo a esta ontología se le suma siempre una "hauntología", una ciencia del fantasma, vinculada a lo que para Marx son las "sutilezas metafísicas y exquisiteces teológicas" del universo de las mercancías. Este extraño espíritu o fantasma reside en el corazón mismo de la realidad económica, y por eso es que la crítica de la economía política cierra el círculo general de la crítica de Marx. Su tesis inicial, desplegada en sus primeras obras, defendía que la crítica de la religión era el punto de partida de toda crítica; luego seguía la crítica del Estado y la política, para arribar finalmente a la crítica de la economía política, que nos permite captar el mecanismo básico de la reproducción social. Sin embargo, llegados a este último punto, el movimiento se hace circular y retorna al punto de partida, y lo que acabamos descubriendo en lo que es el núcleo de la dura realidad económica es, de nuevo, la dimensión teológica. Ante la descripción que hace Marx de la loca y autoimpulsada circulación del capital, en su trayectoria solipsista de autofecundación que hoy llega a su cumbre de especulación y metarreflexión con los contratos de futuros, sería una simplificación excesiva proclamar que el espectro de este monstruo autoengendrado que sigue su camino sin detenerse ante ningún reparo humano o medioambiental es una abstracción ideológica, y no deberíamos olvidar nunca que detrás de esta abstracción existen personas reales y objetos reales sobre cuyas capacidades y recursos productivos se basa, alimentándose cual parásito gigante, la circulación de capital. El problema es que esta abstracción no está solo en la percepción errónea de la realidad social que puede tener un especulador financiero, sino que es real en el sentido de que determina la estructura misma de los procesos sociales materiales. El destino de franjas de población enteras y a veces hasta países completos puede acabar dependiendo de esa especulativa y solipsista danza del capital detrás de la rentabilidad y con total indiferencia sobre el impacto de sus movimientos en la realidad social; ahí es donde reside la violencia sistémica del capitalismo, mucho más siniestra que la violencia socioideológica directa del precapitalismo, porque es una violencia que ya no se asigna a individuos concretos y sus "malvadas" intenciones, sino que es puramente objetiva, sistémica, anónima. Aquí nos sale al cruce la distinción lacaniana entre la realidad y lo Real: la primera es la realidad social de la gente concreta que interactúa y se integra en procesos productivos, mientras que lo Real es la inexorable lógica abstracta y espectral del capital que determina lo que "pasa" en la realidad social.

Y no olvidemos, por lo demás, lo que realmente indica la noción de crítica de la economía política: la economía es en sí misma política, por lo que no podemos reducir la lucha política a mero epifenómeno o efecto secundario de un proceso social más elemental de carácter económico. Esto es lo que la lucha de clases significa para Marx: la presencia de la política en el corazón de la economía. Por eso resulta significativo que el manuscrito del libro tercero de *El capital* se interrumpa justamente en el momento en que Marx habría tenido que ocuparse de la lucha de clases. Este corte no es simplemente una carencia, la señal de un fracaso, sino más bien la señal de que la línea de pensamiento se vuelve sobre sí misma, retornando a una dimensión que ya estaba ahí. La lucha de clases política impregna todo el análisis desde el comienzo: las categorías de la economía política (como ser el valor de la mercancía fuerza de trabajo o la tasa de beneficio) no son datos socioeconómicos objetivos, sino datos que siempre muestran el resultado de una lucha política. Y agreguemos, de paso, en relación con lo Real, que Laclau parece oscilar entre la noción formal de lo Real como antagonismo y la noción más empírica de lo Real como lo que no puede reducirse a una oposición formal: "La oposición entre A y B nunca va a volverse completamente A - no A. La esencia-B de la B va a ser, en última instancia, no dialectizable. El pueblo siempre va a ser algo más que el opuesto puro del poder. Existe un real del pueblo que resiste la integración simbólica"[18].

18. Laclau, op. cit., p.152.

La pregunta crucial es, por supuesto, la siguiente: ¿cuál es exactamente el carácter de eso que hay de exceso en el pueblo por sobre "el opuesto puro del poder"?, ¿qué es lo que en el pueblo resiste la integración simbólica? ¿Es simplemente la profusión de sus determinaciones (empíricas o de otro tipo)? Si es así, entonces no estamos lidiando con un Real que resiste la integración simbólica, ya que lo Real, en este caso, es justamente el antagonismo entre A y no-A, de modo que "aquello que en B es más que no-A" no es lo Real en B, sino las determinaciones simbólicas de B.

El capitalismo no es, de este modo, una mera categoría que delimita una esfera social concreta, sino una matriz formal-trascendental que da estructura a todo el espacio social; literalmente, un modo de producción. Su fuerza está en su debilidad: se ve lanzado a una dinámica constante, a una suerte de estado de excepción permanente, a fin de evitar el enfrentamiento con su antagonismo básico, su desequilibrio estructural. Como tal, es ontológicamente abierto: se reproduce a sí mismo por medio de su autosuperación permanente. Es como si hubiese contraído una deuda con su propio futuro, hipotecándose con él y posponiendo eternamente el momento de saldar cuentas.

LA MARCHA TURCA

La conclusión general es que, aun cuando la cuestión del populismo emerge de manera crucial en el escenario político actual, no puede tomarse como sustento para la renovación de las políticas emancipatorias. Lo primero a observar es que el populismo de hoy difiere de su versión tradicional. Lo que lo distingue es el oponente contra el cual se moviliza el pueblo: el auge de la "pospolítica", la reducción de la política a administración racional de intereses en conflicto. Al menos en los países altamente desarrollados como Estados Unidos y los de Europa occidental, el populismo emerge como el inevitable doble en la sombra de la pospolítica institucionalizada, y uno incluso estaría tentado a agregar que lo hace como su *suplemento* en el sentido derridiano, como la arena donde pueden articularse las demandas políticas que no encajan en el espacio institucionalizado. En este sentido, hay una mistificación que es constitutiva del populismo; su gesto básico es negarse a enfrentar la complejidad de la situación, reduciéndola a una lucha sin matices con la figura pseudoconcreta de un enemigo (que puede ir de la burocracia de Bruselas a los inmigrantes ilegales). El populismo es así, por definición, un fenómeno negativo, un fenómeno basado en un rechazo, incluso en una asunción implícita de impotencia. Todos conocemos el viejo chiste del tipo que busca las llaves a la luz del farol que ilumina la vereda: cuando le preguntan dónde las perdió, responde: "Más allá, donde no hay luz". Claro, las busca donde no están, pero donde la visibilidad es mejor. Siempre hay algo de esa misma trampa en el populismo. De modo que el populismo no solo no es el espacio en el que deberían inscribirse los actuales proyectos emancipatorios; uno también tendría que avanzar un poco más y proponer como tarea principal para las políticas emancipatorias actuales, como problema de vida o muerte inclusive, la búsqueda de una forma de movilización política que, aun compartiendo con el populismo su crítica a la política institucionalizada, logre evitar la tentación populista.

Volviendo a la maraña de la coyuntura europea, ¿dónde nos deja toda esta discusión? A los votantes franceses no se les ofreció un par de opciones claramente simétricas, ya que en sus mismos términos la alternativa privilegiaba el *Sí*. La elite le propuso al pueblo un juego de opciones que en realidad no tenían nada de alternativas; el pueblo estaba siendo convocado para ratificar lo inevitable, el corolario de la iluminación de los expertos. Los medios de comunicación y la elite política presentaron la elección como una alternativa entre conocimiento e ignorancia, *expertise* e ideología, administración pospolítica y viejas pasiones políticas de izquierda y derecha[19]. De ese modo, al *No* se lo desacreditó como una respuesta zonza y desconocedora de sus consecuencias, una oscura reacción de miedo ante el nuevo orden postindustrial emergente, surgida del instinto de apegarse y preservar las cómodas tradiciones del Estado de bienestar, en un gesto de rechazo que no ofrecía ningún programa alternativo concreto. No es raro que los únicos partidos que llamaron oficialmente a elegir el *No* fueron los partidos situados en las dos puntas del espectro político: el Frente Popular de Le Pen a la derecha, los comunistas y trotskistas a la izquierda.

De todos modos, si hay un elemento de verdad en todo este asunto, este es el hecho de que el *No* acabara recibiendo apoyos tan diversos; que no tuviera un apoyo políticamente coherente constituye la condena más dura posible a la elite política y mediática, en una suerte de monumento a su incapacidad de articular, de trasladar a una visión política los anhelos e insatisfacciones del pueblo. Por su parte, los que reaccionaron contra el *No* trataron al pueblo como a un

19. Excelentes ejemplos de las limitaciones que establece la pospolítica se encuentran no solo en el éxito del populismo de derecha en distintos países de Europa, sino en casos como el de las elecciones de 2005 en el Reino Unido. Allí, a pesar de la creciente impopularidad de Tony Blair (usualmente elegido en distintos ámbitos como la persona más impopular en todo el Reino Unido), no hubo modo de encontrar una expresión política que canalizara todo ese descontento con su figura. Tal frustración solo puede fomentar peligrosos estallidos extraparlamentarios.

grupete de alumnos lentos a la hora de asimilar las lecciones de los que saben, y su única autocrítica fue la del maestro que admite haber fracasado en la formación de sus alumnos. Lo que los defensores de esta "tesis de la comunicación" (el *No* de los franceses y los holandeses sugiere que la elite ilustrada fracasó en su comunicación adecuada con las masas) no lograron ver es que, muy por el contrario, aquel *No* era un ejemplo perfecto de comunicación en el que, tal como lo planteó Lacan, el sujeto recibe del otro el mensaje en forma invertida, que es la forma cierta: los burócratas ilustrados de Europa recibieron como respuesta de sus votantes la superficialidad de su propio mensaje devuelta en una forma genuina. El proyecto de la Unión Europea rechazado por Francia y Holanda se reveló como un truco barato, como si Europa pudiera redimirse a sí misma y vencer a sus competidores simplemente fusionando lo mejor de ambos mundos: superando a Estados Unidos, China y Japón en modernización científico-tecnológica y a la vez manteniendo vivas sus tradiciones culturales. Y uno tendría que insistir en este punto en que, por el contrario, para que Europa pueda redimirse a sí misma, tendrá que estar dispuesta a arriesgarse a perder (en el sentido de un cuestionamiento radical) ambas cosas: el fetiche del progreso científico-tecnológico y la confianza en la superioridad de su herencia cultural.

Así, aunque no era una elección entre dos opciones políticas, tampoco era una elección entre una versión iluminada de la Europa moderna, dispuesta a incorporarse al nuevo orden global, y las viejas y confusas pasiones políticas. Se equivocan los analistas que describen al *No* como un mensaje de miedo confuso; el principal miedo al que nos enfrentamos aquí es el miedo que ese *No* desató en la nueva elite política europea, un miedo a que el pueblo deje de comprar tan fácilmente su visión pospolítica. Para todos los demás, el *No* es un mensaje y una expresión de esperanza: la esperanza en que la política siga siendo algo vivo y posible, en que el debate sobre lo que debe ser la nueva Europa siga estando abierto. Tal es la razón por la que nosotros, desde la izquierda, debemos rechazar las insinuaciones despectivas de los liberales de que con nuestro *No* nos internamos en una extraña alcoba de la mano de los neofascistas. Lo único que comparten la nueva derecha populista y la izquierda es eso: la conciencia de que la auténtica *política* sigue estando viva.

El *No* fue una elección positiva: fue elegir la elección misma, rechazar el chantaje de la nueva elite que la única opción que nos ofrecía era entre confirmar su conocimiento experto o sacar a relucir nuestra "irracional" inmadurez. El *No* es la decisión concreta de abrir un auténtico debate político acerca de la Europa que queremos realmente. Al final de su vida, Freud se hizo la famosa pregunta "¿Qué quiere una mujer?" (*Was will das Weib?*), reconociendo su propia perplejidad al momento de encarar el enigma de la sexualidad femenina. ¿Y la maraña de la Constitución Europea no nos plantea un enigma parecido? ¿Qué Europa queremos?

El himno no oficial de la Unión Europea, ese que suena en tantos acontecimientos deportivos, culturales y políticos, es la "Oda a la alegría" del último movimiento de la Sinfonía n.º 9 de Beethoven: un auténtico "significante vacío" capaz de representar cualquier cosa. En Francia, Romain Rolland la elevó a la categoría de oda humanista a la hermandad de los distintos pueblos ("la Marsellesa de la humanidad"). En 1938 se la interpretó como punto cúlmine de los *Reichsmusikstage*, y sonó también en el cumpleaños de Hitler. Durante la revolución cultural china, en medio de una atmósfera de rechazo hacia todo clásico europeo, se la redimió como una pieza de la lucha de clases progresista. En el Japón actual tiene el estatuto de objeto de culto, una música trenzada en el más hondo tejido social en razón de su supuesto mensaje de dicha a través del sufrimiento. Hasta los años 70, esto es, durante el tiempo en el que los equipos olímpicos de las dos Alemanias tenían que presentarse como uno solo, fue el himno que sonaba cada vez que un deportista alemán lograba una medalla de oro. El régimen racista de Ian Smith en Rodesia, que proclamó la independencia a fines de los 60 como medio para preservar el apartheid, la transformó igualmente en su himno nacional. Hasta Abimael Guzmán, el líder de Sendero Luminoso (hoy preso) la mencionó cuando le preguntaron cuál era su música favorita. De modo que podemos fácilmente imaginarnos una interpretación de la "Oda a la alegría" durante la cual los enemigos más encarnizados, de Hitler a Stalin y de Bush a Saddam, olvidan sus diferencias y participan de un mismo momento mágico de extática fraternidad…

Sin embargo, antes de rebajar al cuarto movimiento a la condición de pieza destruida por su uso social, permítasenos señalar ciertas peculiaridades en su estructura. A la mitad del movimiento, cuando ya escuchamos la melodía principal en tres variaciones orquestales y vocales, algo inesperado ocurre en ese primer clímax, algo que viene molestando a los críticos durante los ciento ochenta años desde que tuvo lugar la primera interpretación de la obra. En el compás 331, el tono cambia por completo y, en vez de seguir progresando en una hímnica solemnidad, el tema de la "Alegría" se repite en el estilo de una marcha turca (*marcia Turca*) oriundo de la música militar para viento y percusión que los ejércitos del siglo XVIII habían tomado de los jenízaros. Ahora el tono es el de un carnavalesco desfile popular, un espectáculo bufo, y de ahí en más todo se desbarranca. La sencilla dignidad solemne de la primera parte ya no vuelve más. Después de esa "parte turca", y en un claro movimiento de reacción a ella que asemeja algo así como un repliegue a una religiosidad interior, un pasaje de tipo coral (despreciado por algunos críticos como un "fósil gregoriano") trata de representar la etérea imagen de millones de personas que se arrodillan, se abrazan, contemplando asombradas el cielo a la distancia y buscando al amoroso Dios paterno que ha de morar en el lecho estelar ("überm Sternzelt muss ein lieber Vater wohnen"); sin embargo, la música se traba cuando la palabra *muss*, primero con los bajos, después con los tenores y las contraltos y finalmente con las sopranos, se hace oír, como si ese conjuro repetido materializara un desesperado intento por convencernos (y convencerse) de algo que se sabe que no es verdad, llevando a que la frase "ha de morar un amoroso padre" se convierta en una súplica desesperada y reconociendo con ello que encima del lecho de estrellas no hay nada, ningún padre amoroso que nos proteja y pueda garantizar nuestra fraternidad. Tras esto, hay un intento de volver a un tono de celebración por la vía de una doble fuga cuyo esplendor excesivamente artificial no puede sino sonar falso, una síntesis "fake" como no hay otra, el intento desesperado por ocultar el vacío del Dios ausente que en la sección previa se había revelado. Y lo más raro de todo es la *cadenza* final, que no suena para nada a Beethoven y sí más bien a una versión recargada del final de "El rapto en el serrallo" de Mozart, mechando elementos "turcos" en un veloz espectáculo rococó (y no olvidemos la mayor lección de esta ópera de Mozart: la figura del déspota oriental aparece allí como la de un auténtico Amo de la Ilustración). Así, el final es una mezcla bizarra de orientalismo y regresión al clasicismo de finales del siglo XVIII, una doble retirada del presente histórico, reconocimiento tácito del carácter puramente fantasmático de la alegría de la fraternidad que nos une a todos. Si hay una música que literalmente se deconstruye a sí misma, es esta. El contraste entre la tan metódica progresión lineal de la primera parte del movimiento y el carácter precipitado, heterogéneo e incoherente de la segunda no puede ser más pronunciado. No nos sorprende que en1826, dos años después de su estreno, algunos críticos describieran ese final como "un festival de odio hacia todo lo que puede ser considerado alegría humana. Con fuerza de gigante irrumpe la peligrosa horda, desgarrando los corazones y ensombreciendo el divino destello de los dioses con su burla retumbante y monstruosa" (por supuesto que al escribir estas líneas no me propongo una crítica de Beethoven; muy por el contrario, y en la senda de Adorno, uno debería discernir que en ese fracaso del cuarto movimiento se ve la integridad artística de Beethoven: el inventario más fehaciente del fracaso mismo del proyecto iluminista de fraternidad universal).

La Novena Sinfonía de Beethoven está llena de lo que Nicholas Cook denominó "símbolos sin consumar": elementos que exceden el significado global de la obra (o del movimiento en el que se presentan), que no encajan en su significado, aunque no está claro cuál otro aportan. Cook cita la "marcha fúnebre" del compás 513 del primer movimiento, el final abrupto del segundo, los tonos militares del tercero y las llamadas "fanfarrias del horror", la marcha turca y muchos otros momentos del cuarto, elementos, todos ellos, que "vibran con un significado implícito que sobrepasa el argumento musical". No se trata solamente de que su significado tenga que revelarse por medio de una interpretación atenta, sino de que se invierte la relación misma entre textura y significado: si el "argumento musical" predominante parece imponerle a la música un significado claro y preestablecido (la celebración de la alegría, la fraternidad universal y demás), lo que ocurre es que el significado no se da por adelantado, sino que parece flotar en una suerte de indeterminación virtual, como si supiéramos que allí hay (o, mejor, *debe haber*) un significado, pero sin ser capaces de determinar *qué* significado es.

¿Cuál es, entonces, la solución? La única solución radical pasa por invertir totalmente la perspectiva y problematizar la mismísima primera parte del cuarto movimiento. Las cosas no se desbarrancan solo en el compás 331 con la entrada de la marcha turca, sino que están desencaminadas desde el principio. Uno tendría que reconocer que hay algo insípidamente falso en la "Oda" en sí misma, de modo que el caos que ingresa tras el compás 331 viene a ser un retorno de lo reprimido, un *síntoma* de lo que estaba mal desde el arranque. ¿No será que domesticamos demasiado a la Oda a la Alegría? ¿No estaremos demasiado acostumbrados a tomarla como un símbolo de dichosa fraternidad? ¿Qué pasa si nos enfrentarnos otra vez a ella y rechazamos lo que tiene de falso?

Y lo que acabamos de decir, ¿no vale también para la Europa de hoy? Tras invitar a millones de individuos, desde los que están en lo más alto a los que viven en lo más bajo, a reunirse en un abrazo, la segunda estrofa tiene este ominoso remate: "y el que no pueda regocijarse, que se aleje llorando". La ironía de la "Oda a la Alegría" de Beethoven en tanto himno no oficial de Europa consiste, por supuesto, en que el principal motivo de crisis hoy por hoy pasa por la inclusión o no de Turquía. Según el grueso de las encuestas, la razón principal de los que se expresaron por el *No* en los últimos referéndums en Francia y Holanda fue la oposición al ingreso de Turquía. El *No* puede fundamentarse en términos derechistas-populistas (un no a la amenaza turca a nuestra cultura, no a la mano de obra barata de los inmigrantes turcos) o en términos progresistas-multiculturalistas (un no al ingreso de Turquía por el modo en que trata a los kurdos, sin suficiente respeto por los derechos humanos). Pero lo cierto es que el punto de vista opuesto, el *Sí*, es tan falso como la *cadenza* final de Beethoven. Así las cosas, ¿debería permitírsele a Turquía el ingreso a la Unión, o tiene que "alejarse llorando" de esta hermandad? ¿Puede sobrevivir Europa a la "Marcha turca"? Y, como en el final de la Novena de Beethoven, ¿qué pasa si el verdadero problema no es Turquía sino la base melódica en sí, la canción de la unión de Europa tal y como la interpreta para nosotros la elite tecnocrática post-política de Bruselas? Lo que nos hace falta es una melodía de base totalmente nueva, una nueva definición de Europa en sí misma. El problema de Turquía, la perplejidad de la Unión Europea sobre qué hacer con Turquía, no tiene tanto que ver con Turquía como con Europa.

¿Cuál es, entonces, el dilema europeo actual? Europa se encuentra atrapada entre las grandes pinzas de Estados Unidos por un lado y las de China por otro. Desde un punto de vista metafísico, Estados Unidos y China son lo mismo: el desesperado frenesí de la tecnología sin barreras y el sometimiento a un orden sin raíces para el hombre medio. Cuando hasta el último rincón del globo ha sido conquistado en términos técnicos y puesto al servicio de su explotación en términos económicos; cuando cualquier incidente que a uno se le ocurra conocer, en cualquier lugar que a uno se le ocurra y en cualquier momento, puede estar tan rápidamente a nuestro alcance como queramos; cuando, gracias a las coberturas de TV en vivo y en directo, es posible "experimentar" simultáneamente una batalla en el desierto de Iraq y una ópera en Beijing; cuando, en la red digital global, el tiempo no es más que velocidad, instantaneidad y simultaneidad; cuando el ganador de un reality show se convierte en el gran hombre del pueblo; ahí sí, entonces, por encima de tanto barullo, asoman como espectros las preguntas: el para qué, el hacia dónde, el y después qué[20].

Por ende, existe entre nosotros, los europeos, una necesidad de eso que Heidegger llamó *Auseinandersetzung* (confrontación interpretativa) con los otros y con el propio pasado de Europa en todo su alcance, desde sus raíces antiguas y judeocristianas hasta la idea, recientemente fallecida, del Estado de bienestar. Hoy Europa está escindida entre el llamado modelo anglosajón —aceptemos la "modernización" (la adaptación a las reglas del nuevo orden mundial)— y el modelo francogermano —salvemos todo lo que pueda salvarse del viejo y querido Estado de bienestar europeo—, y ambas opciones, aunque contrapuestas, son las dos caras de la misma moneda. Nuestra auténtica tarea no es ni la de volver a ninguna forma idealizada del pasado, ya que esos dos modelos están claramente agotados, ni la de convencer a los europeos de que, si queremos seguir siendo una potencia mundial, debemos adaptarnos cuanto antes a las últimas tendencias de la globalización. Ni mucho menos es nuestra tarea hacer eso que probablemente sería la peor opción: la búsqueda de una "síntesis creativa" entre las tradiciones europeas y la globalización, con el propósito de crear algo que no es fácil resistirse a llamar "globalización con rostro europeo".

Toda crisis es en sí misma un estímulo para comenzar de nuevo; todo colapso de una estrategia a corto plazo y de una serie de medidas prácticas (para la reorganización

---

20. Cualquiera que esté mínimamente familiarizado con Heidegger notará que aquí se está parafraseando un célebre pasaje de su *Introducción a la metafísica*.

financiera de la Unión y demás) es una bendición encubierta, una oportunidad para repensar la base misma de las cosas. Lo que necesitamos es una recuperación por vía de la repetición (*Wieder-Holung*): confrontando críticamente con toda la tradición europea, deberíamos repetir la pregunta "¿Qué es Europa?" o, mejor, "¿Qué significa para nosotros ser europeos?", formulándonos así un nuevo punto de partida. Es una tarea difícil, que nos obliga a asumir el gran riesgo de transitar terrenos desconocidos. Pero la alternativa es una lenta decadencia, la transformación gradual de Europa en lo que fue Grecia para el maduro Imperio romano: un destino para las nostalgias del turismo cultural, sin la menor relevancia concreta[21].

¿Y qué pasa (otro punto sobre el cual deberíamos arriesgar la hipótesis de que Heidegger tenía razón, aunque no en el sentido que él pensaba) si la democracia no es la repuesta al actual dilema? En sus *Notas para la definición de la cultura*, el gran conservador T. S. Eliot señalaba que hay momentos en los que la única elección posible está entre ser sectarios o descreer de todo, y en los que solo se puede mantener viva una religión provocando una escisión

21. En marzo de 2005, el Pentágono hizo público el sumario de un documento secreto que contenía el esbozo de los planes estadounidenses para la dominación militar global. El documento promovía un enfoque más "proactivo" de la acción militar bajo el dudoso concepto de "acciones preventivas y defensivas". Se concentraba en cuatro tareas principales: construir asociaciones con Estados en decadencia para derrotar las amenazas del terrorismo interno; defender la patria, incluso mediante golpes ofensivos contra grupos terroristas que pudieran estar planificando ataques; influir en las decisiones de países insertos en encrucijadas estratégicas, como China o Rusia; e impedir la adquisición de armas de destrucción masiva por parte de Estados hostiles o grupos terroristas. ¿Aceptará esto Europa? ¿Se conformará con asumir el rol de la anémica Grecia bajo la dominación del poderoso Imperio romano?

sectaria respecto del cuerpo principal. Esta es hoy nuestra única oportunidad. Solo a través de una "escisión sectaria" del legado europeo estándar, amputándonos a nosotros mismos del cuerpo decadente de la vieja Europa, podremos mantener vivo el legado europeo renovándolo. Esta escisión cuestionaría las premisas mismas que tendemos a aceptar como nuestro propio destino, como datos no negociables de nuestro dilema: el fenómeno comúnmente definido como el nuevo orden mundial global y la necesidad de adaptarnos a él mediante la "modernización". Para decirlo crudamente, si el nuevo orden mundial global es para todos nosotros el marco no negociable, entonces Europa está perdida, por lo que la *única* solución para Europa es asumir el riesgo y *romper* ese hechizo de nuestro destino. Nada debería permanecer intocable para esta nueva refundación, ni la necesidad de "modernización" económica ni los más sagrados fetiches liberales y democráticos.

De manera que, aun cuando el *No* de los franceses y los holandeses no se apoye en una propuesta alternativa detallada y coherente, al menos genera el espacio para esta, abriendo un vacío que exige que se lo llene con proyectos nuevos, en contraste con el estancamiento de la postura del *Sí* a la Constitución y la efectiva clausura que esta hace del pensamiento al presentarnos el cuadro de un *fait accompli* político-administrativo. El mensaje que aquel *No* franco-holandés nos ofrece a todos los que estamos preocupados por Europa es el de un no a los expertos anónimos que quieren vendernos sus mercancías envueltas en brillantes papeles liberales-multiculturales que nos ahorran toda *reflexión*. Es hora de que nos percatemos de que necesitamos tomar una decisión propiamente política acerca de lo que queremos. Ningún administrador iluminado hará ese trabajo por nosotros.

LA MELANCOLÍA Y EL ACTO

La melancolía y el acto

E L *GRAN OTRO* LACANIANO no designa solamente las normas simbólicas explícitas que regulan la interacción social, sino también la intrincada telaraña de normas implícitas, no escritas. Roger Ebert, en su glosario de lugares comunes cinematográficos *The Little Book of Hollywood Clichés*[22], recorta cientos de estereotipos y escenas obligadas, que van desde la célebre "regla del carrito de frutas" (en toda persecución en un país extranjero y en un ambiente étnico, el auto chocará contra un carro de frutas y luego el vendedor ambulante, furioso, se parará en medio de la calle mostrándole el puño al automovilista que ya siguió su camino) hasta las variantes más elaboradas de la "regla del agradecimiento con pausa" (A y B acaban de tener una charla sincera y conmovida, A se dirige a la puerta de salida, B lo llama por su nombre, A se da vuelta y pregunta "¿Sí?", B responde "Gracias") o de aquella otra, la "regla de la bolsa que cae" (siempre que una mujer cínica o desencantada, que no quiere volver a enamorarse, es abordada en la calle por su cortejante dispuesto a romper ese muro de soledad, ella

22. Ver Roger Ebert, *The Little Book of Hollywood Clichés. A Compendium of Movie Clichés, Stereotypes, Obligatory Scenes, Hackneyed Formulas, Shopworn Conventions and Outdated Archetypes* (Londres, Virgin, 1995).

acabará de hacer compras para la casa y se le caerá la bolsa, quedando frutas o verduras en el piso como emblema del desastre que es la vida de esa mujer, y habilitando al cortejante a recoger y poner de nuevo en su sitio las naranjas, las manzanas, los fragmentos dispersos de esa vida). Eso mismo es el gran Otro, la sustancia simbólica de nuestras vidas, ese set de reglas no escritas que efectivamente regulan nuestros actos y nuestras palabras. Aunque nunca las encontremos enunciadas de manera explícita, no podemos desobedecerlas sin atenernos a nefastas consecuencias. Para el ala radical del mundo académico de estos últimos tiempos, una de esas reglas sugiere que, si se está hablando de Hannah Arendt, se está hablando de una autoridad intocable, elevada a punto de transferencia. Simplemente no se la critica. Unas tres décadas atrás la gente de izquierda la rechazaba, o mejor dicho la ignoraba, como la forjadora de la noción de totalitarismo, inevitablemente impregnada de carga ideológica de la guerra fría, mientras que hoy, incluso en ámbitos que uno supondría adversos a la figura de Arendt (como el psicoanálisis, al que es sabido que ella se refería con animosidad, o las facciones herederas de la Escuela de Frankfurt, debido a su desdén por Adorno), el trato que se le da tiende a ser muy respetuoso.

Otra de esas reglas implícitas tiene que ver con la relación entre duelo y melancolía. En los tiempos permisivos que corren, y en los que la transgresión viene siendo apropiada e incluso fomentada por las instituciones dominantes, la doxa que logra predominar en tanto regla suele presentarse a sí misma como una transgresión subversiva. Si uno quiere detectar cuál es la tendencia intelectual hegemónica, no tiene más que buscar la tendencia que más se jacta de encarnar una amenaza sin precedentes a los dispositivos del poder hegemónico. En lo que toca al duelo y a la melancolía, la doxa que predomina parte de la distinción de Freud: el duelo "normal" (la aceptación exitosa de la pérdida) frente a la melancolía "patológica" (en la que el sujeto persevera en su identificación narcisista con el objeto perdido). Pero luego esa doxa tiende a afirmar, contra Freud, la primacía conceptual *y* ética de la melancolía: en el proceso de pérdida hay siempre un resto que no puede ser integrado mediante el trabajo de duelo, y la fidelidad fundamental es la fidelidad a ese resto. El duelo es una suerte de traición, un matar por segunda vez al objeto (perdido), mientras que en la melancolía el sujeto mantiene su fidelidad al objeto perdido, negándose a renunciar a su vínculo con él. Esta es una historia que acepta una gran variedad de versiones, desde la homosexual (los homosexuales son los que mantienen su fidelidad a la identificación perdida/reprimida con el objeto libidinal del mismo sexo) a la étnica-poscolonial (cuando los grupos étnicos ingresan en procesos de modernización capitalista y padecen la amenaza de que su legado específico sea devorado por la nueva cultura global, no deben renunciar a su tradición y hacer el duelo por ella, sino preservar el vínculo melancólico con sus raíces perdidas).

En virtud de esta rehabilitación políticamente correcta de la melancolía, podrá haber consecuencias desagradables cuando ocurre que alguien se confunde y habla mal de la melancolía: podrá haber artículos y estudios rechazados, como también solicitudes de empleo negadas tras haberse detectado que la actitud ante el asunto era la "incorrecta". Sin embargo, por esta misma razón es sumamente necesario denunciar el cinismo objetivo que entraña esta rehabilitación de la melancolía. El lazo melancólico con el Objeto étnico perdido nos permite afirmar que preservamos nuestra fidelidad a las antiguas raíces al tiempo que participamos de lleno en el juego capitalista global. Uno debería preguntarse incluso hasta qué punto el proyecto íntegro de los estudios poscoloniales no se apoya en esta lógica del cinismo objetivo. Para poner las cosas bien claras: el problema con la nostalgia poscolonial no pasa por la utopía de un mundo que quienes lo sueñan nunca vivieron (una utopía así puede ser plenamente liberadora) sino por el modo en que el sueño se usufructúa para legitimar la vigencia de lo que es su opuesto, la plena y desatada participación en el capitalismo global.

LA FALTA NO ES LO MISMO QUE LA PÉRDIDA

¿Cuál es entonces el error teórico de esta reafirmación de la melancolía? El problema se nos plantea en el nivel de la *anamorfosis*. Este concepto hace referencia a un objeto cuya realidad material presenta una distorsión tal que hace que la mirada que ha de recaer sobre él esté inscrita ya en sus rasgos objetivos. Un rostro luce grotescamente retorcido, luego adquiere consistencia; una mancha se convierte en una entidad definida si la miramos desde cierta perspectiva. ¿Y no estamos haciendo con esto una formulación concisa de la ideología? La realidad social puede presentarse confusa y caótica, pero si la miramos, por ejemplo, desde la perspectiva del antisemitismo, todo se aclara: la conspiración judía es la responsable de todas nuestras penas. En otras palabras, la anamorfosis socava la diferencia entre realidad objetiva y percepción subjetiva distorsionada; esta última se inscribe y refleja en el objeto percibido, y en este sentido es que la mirada en sí misma adquiere una existencia supuestamente objetiva.

Esta paradoja de la anamorfosis es obliterada en la melancolía. Normalmente lo que hacemos es subrayar el carácter antihegeliano de tal rehabilitación de la melancolía: mientras que el trabajo del duelo adquiere la estructura de la "superación" (*Aufhebung*), por medio de la cual conservamos la esencia nocional de un objeto en tanto perdemos su realidad inmediata, en la melancolía en cambio el objeto se resiste a esa superación[23]. El error del melancólico, sin embargo, no pasa tanto por la afirmación de que algo se resiste a su superación simbólica, sino más bien por la ubicación de esa resistencia en un objeto positivamente existente, aunque perdido. En términos kantianos, el melancólico es culpable de incurrir en una suerte de paralogismo de la pura capacidad de desear, el cual reside en la confusión que se da entre *pérdida* y *falta*: en la medida en que el objeto/causa del deseo está constitutiva y originariamente en falta, la melancolía interpreta esa falta como una pérdida, como si el objeto ausente hubiera sido poseído y luego perdido[24]. En definitiva, lo que la melancolía no capta es el hecho de que el objeto falta desde el principio, que su emergencia coincide con su falta, que tal objeto no es sino la positivización de un vacío, una entidad estrictamente anamórfica que no existe en sí misma. Lo paradójico, por supuesto, es que ese engañoso desplazamiento de la falta a la pérdida nos permite afirmar nuestra posesión del objeto; lo que jamás se poseyó jamás podrá perderse, y así es como el melancólico, con su fijación incondicional en el objeto perdido, de algún modo posee a ese objeto en su misma

23. El ejemplo más plástico de tal "superación" de la realidad histórica en su noción simbólica es la idea hegeliana de que la Historia de las guerras del Peloponeso de Tucídides fue el verdadero objetivo espiritual de la misma guerra en cuestión: desde el punto de vista del espíritu, la guerra real era un pretexto llevado a cabo a fin de que pudiera escribirse un texto que capturara su esencia.

24. Me apoyo en este punto en Giorgio Agamben, *Estancias* (Valencia, Pre-textos,1998), sobre todo en los capítulos 3 a 5.

pérdida. Por esta vía es que también se comprende la noción medieval del melancólico como alguien incapaz de acceder a los dominios de lo incorpóreo y espiritual: en vez de limitarse a contemplar lo suprasensible, aspira a la lujuria de abrazarlo. Pero aunque se le niegue el acceso al terreno de las formas simbólicas ideales, el melancólico no deja de exhibir su anhelo metafísico de otra realidad absoluta más allá de nuestra realidad ordinaria sujeta a la decadencia y la corrupción; la única salida a este dilema pasa a ser entonces la adopción de un objeto material ordinario y sensible (o sensual, como cuando dicho objeto es, por ejemplo, la mujer amada) y su elevación a absoluto. El sujeto melancólico eleva de ese modo al objeto de sus ansias convertido en una amalgama inconsistente de absoluto corpóreo, pero, otra vez, dado que dicho objeto está destinado a decaer, su posesión incondicional solo se logra perdiéndolo. Ya Hegel indagó esa lógica respecto de los cruzados y su búsqueda de la tumba de Cristo: confundiendo el aspecto absoluto de la divinidad con el cuerpo material que existió en Judea, tal búsqueda desembocaba necesariamente en la desilusión. Por todo esto, la melancolía no es solo el apego al objeto perdido, sino el apego a la expresión original de su pérdida.

En su lúcida caracterización del modo en que Wilhelm Furtwängler se desempeñaba como director de orquesta, Adorno sostiene que Furtwängler

> *deseaba salvar lo ya perdido; recuperar para la interpretación lo que empezaba a perderse en un momento en que los lazos con la tradición se aflojaban. Este deseo de salvación le exigía el esfuerzo titánico de una evocación en la que la presencia de lo evocado inmediatamente se desvanecía*[25].

25. Theodor W. Adorno, *Musikalische Shriften VI*, Frankfurt, Suhrkamp,1984, pag. 469 [Tomamos la traducción de Gómez Schneekloth

Conviene que uno se detenga en la doble pérdida sobre la que se apoya el (merecido) culto actual de Furtwängler, la fascinación que ejercen sus viejas grabaciones. No se trata solamente de que hoy nos fascine esa pasión suya, tan inmediatamente orgánica, en apariencia ingenua y —nos da la impresión— imposible en nuestra época, en estos tiempos en que, como da a entender Leonard Bernstein, la dirección orquestal se escinde entre la fría perfección técnica y la pasión escénica artificial, sino que hay algo más: el propio objeto perdido de nuestra fascinación involucra ya una cierta pérdida. Es decir, la pasión de Furtwängler estaba imbuida de una suerte de intensidad traumática, un sentimiento de urgencia propio de una tentativa desesperada de rescatar como parte de nuestra tradición lo que ya entonces se encontraba en peligro, "lejos de casa" en el mundo moderno. Así, lo que anhelamos recuperar en las viejas grabaciones de Furtwängler no es la inmediatez orgánica de la música clásica, sino más bien la experiencia orgánico-inmediata de la pérdida, de lo que ya no nos es accesible. En este sentido, nuestra fascinación por Furtwängler es melancolía de máxima pureza.

Giorgio Agamben ha subrayado que la melancolía, en contraste con el duelo, no es solo el fracaso del trabajo de duelo, la persistencia de la vinculación con lo real del objeto, sino también su contrario: "la melancolía ofrece la paradoja de una intención luctuosa que precede y se anticipa a la pérdida del objeto"[26]. En este punto reside la estrategia del melancólico: la única forma de poseer un objeto que

y Brotons Muñoz en *Escritos musicales IV*, Akal, 2008]. El contexto concreto para esta observación es, por supuesto, la tentativa de Furtwängler por rescatar la tradición clásica de la música alemana frente al avance de la barbarie nazi.

26. Giorgio Agamben, *Estancias*, op. cit.

nunca tuvimos, que desde el comienzo ya se había perdido, es tratando a un objeto que aún poseemos como si este otro estuviera perdido también. El rechazo del melancólico a emprender el trabajo del duelo asume así su forma opuesta, la de un falso espectáculo de duelo desbordado y superfluo por un objeto antes de que se lo pierda. Esto es lo que les da su sabor único a las relaciones de amor melancólicas, como la que se trama entre Archer Newland y la Condesa Olenska en *La edad de la inocencia* de Edith Wharton: en ella, aunque los amantes están juntos, inmensamente enamorados, gozando a pleno cada uno de la presencia del otro, ya la sombra de la separación futura colorea la relación y les hace apreciar cada placer vigente al abrigo de la catástrofe por venir (en lo que es una inversión exacta de ese otro enfoque usual en el que la relación soporta los infortunios del presente clavando la vista en la felicidad que un día habrá de llegar). En sintonía con los términos de esta argumentación, la sospecha de que Dimitri Shostakovich era, por debajo de su optimismo socialista oficial, un compositor profundamente melancólico puede ganar fuerza si atendemos al hecho de que su obra más famosa, el cuarteto de cuerdas n.º 8 (1960), fue compuesta en memoria de sí mismo:

> *He pensado que si muero algún día será difícil que alguien escriba una obra dedicada a mi memoria. Por eso he decidido escribirla yo mismo. Podría ponerse incluso en la cubierta: "Dedicado a la memoria del compositor de este cuarteto"*[27].

No debe extrañarnos, de este modo, si a la hora de describir el cuarteto Shostakovich hace referencia a una cierta base "pseudotrágica" o si, en una metáfora reveladora,

27. En: Laurel Fay, *Shostakovich: A Life*, Oxford, 2000, p. 217.

llega a "equiparar las lágrimas que su composición le había costado con la cantidad de orina después de tomar media docena de cervezas"[28]. En la medida en que el melancólico se entrega al duelo por lo que aún no ha perdido, su melancolía opera generando una subversión cómica inherente del procedimiento trágico del duelo, la cual recuerda el viejo chiste racista sobre los gitanos: cuando llueve, se sienten felices porque saben que después de la lluvia siempre vuelve a salir el sol; cuando el sol brilla, se sienten tristes porque saben que después del sol, en un momento u otro, lloverá. En definitiva, el que atraviesa el duelo se lamenta por el objeto perdido y lo mata por segunda vez por medio de la simbolización de su pérdida, mientras que el melancólico no es solo el incapaz de renunciar al objeto, sino el que lo mata por segunda vez (lo trata como perdido) antes de perderlo realmente.

¿Cómo desenmarañar esta paradoja del duelo por un objeto que no se ha perdido todavía, que sigue estando aquí? La clave para este enigma reside en el minucioso planteo de Freud según el cual el melancólico no es consciente de lo que ha perdido en el objeto perdido[29]. En este punto hay que introducir la distinción lacaniana entre objeto y (objeto) causa del deseo: el objeto del deseo es simplemente el objeto deseado, mientras que la causa del deseo es el rasgo que hace que deseemos al objeto deseado (cierto detalle o cierto tic del que normalmente no somos conscientes, y que solemos percibir equivocadamente como un obstáculo, como si deseáramos el *objet a* pesar de ese rasgo suyo). Visto así, el melancólico deja de ser ante todo el sujeto *fijado* en un

28. Ib., p. 217.

29. Ver "Duelo y melancolía" (1917), en: S. Freud, *Obras completas*, tomo XIV, Bs. As., Amorrortu, 1993.

objeto perdido, incapaz de llevar a cabo el trabajo del duelo, y es más bien el sujeto que posee al objeto y que ha perdido el deseo de él, puesto que ha desaparecido y perdido su eficacia la causa que le hizo desear ese objeto. Lejos de reforzar hasta el extremo la situación de un deseo frustrado, de un deseo desprovisto de su objeto, la melancolía representa lo contrario: la presencia del objeto, privada de su deseo. La melancolía se produce cuando finalmente conseguimos el objeto deseado, pero este nos decepciona. En este sentido, la melancolía (la decepción con todos los objetos positivos y observables, ninguno de los cuales puede satisfacer nuestro deseo) es el principio de la filosofía.

Estamos lidiando con algo, en suma, como es la conexión que existe entre la anamorfosis y la sublimación: la serie de objetos efectivamente se estructura en torno a un vacío (o más bien lo incluye), y, si ese vacío se hace visible como tal, la realidad se desintegra. De modo que, para preservar la consistencia del edificio de la realidad, uno de los elementos de esa realidad tiene que ser desplazado y pasar a ocupar el lugar del vacío central: tal es el *objet petit a* lacaniano. Este es el objeto sublime (de la ideología), el objeto elevado a la dignidad de Cosa y, simultáneamente, el objeto anamórfico (puesto que, para poder percibir su cualidad sublime, tenemos que mirarlo al sesgo, oblicuamente, ya que si lo contempláramos directamente resultaría ser como cualquier otro objeto de la serie). En la "mirada directa" el judío, por ejemplo, es uno más dentro de la serie de grupos étnicos o nacionales, mientras que al mismo tiempo es el objeto sublime, el reemplazante del vacío (el antagonismo central) alrededor del cual se estructura el edificio social: el amo oculto que secretamente mueve todos los resortes. Tal es, al parecer, el modo en que el antisemitismo "aclara las cosas" haciendo posible una percepción de la sociedad como un espacio cerrado o consistente. (¿No ocurre lo mismo en planteos como, por ejemplo, los que sugieren que en el capitalismo un obrero trabaja cinco horas para sí mismo y tres horas para el patrón? La ilusión consiste en pensar que ambas cosas pueden separarse y en exigir, en consecuencia, que el obrero pueda trabajar solo esas cinco horas que le corresponden, obteniendo la misma remuneración. Pero dentro del sistema salarial eso no es posible. El estatus de las últimas tres horas es, así, algo en cierto modo anamórfico; esas horas representan la materialización de la plusvalía, de manera parecida a esa zona del tubo de dentífrico que viene con otro diseño y color y que lleva inscripto el lema "Te damos el 30%, ¡gratis!", haciendo que uno siempre se tiente a decir "OK, dame entonces solo ese 30% del tubo").

Sin embargo, lo central respecto de este *objet a* visto como una magnitud negativa —para usar la expresión kantiana— no solo tiene que ver con el hecho de que el vacío de deseo encarna paradójicamente en un objeto particular que a partir de ahí hace las veces de reemplazante, sino que se vincula sobre todo con la paradoja opuesta: la de un vacío o falta primordial que solo funciona en tanto encarna en un objeto particular, siendo que este objeto es el que mantiene abierta la grieta [*gap*], el vacío respecto del deseo. Podemos ver lo crucial que fue esta magnitud negativa en los comienzos de la cristiandad, en la revolución que esta significó. Las religiones precristianas se mantienen en el nivel de la sabiduría; acentúan la insuficiencia de todo objeto temporal finito y predican la moderación en los placeres (uno debe evitar todo apego excesivo a los objetos finitos puesto que el placer es transitorio) o bien la retirada respecto de la realidad temporal en nombre del Objeto Divino Verdadero, que es lo único que puede proporcionarnos bienaventuranza infinita. El cristianismo, por el contrario, presenta a Cristo como un individuo mortal-temporal, e insiste en que la creencia en el acontecimiento temporal de la Encarnación es la única vía a la verdad y la salvación eternas. En este sentido, el cristianismo es una "religión del amor": en el amor uno pone en el centro y por encima de todo un objeto temporal finito que es "más importante que cualquier otro". Esta misma paradoja actúa igualmente en la noción cristiana específica de conversión y perdón de los pecados: la conversión es un acontecimiento temporal que modifica a la eternidad misma. En sus últimos años, Kant formuló la idea de un acto nouménico de elección mediante el cual un individuo elige su carácter eterno: antes que su existencia temporal, es este acto el que delimita por anticipado los contornos de su destino terrenal. Sin el acto divino de la gracia, nuestro destino se mantendría inamovible, fijado para siempre por aquel acto eterno de elección. La "buena nueva" del cristianismo es, sin embargo, que por medio de una conversión genuina uno es capaz, por así decirlo, de repetir ese acto, y en consecuencia de alterar (deshaciendo sus efectos) la eternidad misma.

"¿PENSAMIENTO POST-SECULAR?". NO, GRACIAS

Esa paradoja final del cristianismo queda anulada en lo que hoy se nos presenta como "pensamiento post-secular", postura que encuentra su expresión más acabada en cierta especie de apropiación derridiana de Levinas. En los términos de este pensamiento post-secular hay que admitir sin reservas que la crítica modernista logró destruir los fundamentos de la onto-teología, la noción de Dios como ser supremo, etc. ¿Pero y si acaso el resultado final de este gesto deconstructivo fuese una suerte de borrón y cuenta nueva para una forma inédita, post-deconstructiva e indeconstructible de espiritualidad, esto es, para la relación con una otredad incondicional que antecede a la ontología? ¿Y si la experiencia fundamental del sujeto humano no fuera la de la autopresencia, la de la fuerza de la mediación-apropiación dialéctica de toda otredad, sino la de una pasividad primordial, una sensibilidad, una facultad de responder, de ser infinitamente deudor y responsable ante el llamado de una Otredad que nunca adquiere una configuración positiva, sino que permanece siempre oculta, en la huella de su propia ausencia? Respecto de esto cabe la tentación de recordar aquella ocurrencia de Marx a propósito de Proudhon en su *Miseria de la filosofía* (en lugar de remitirse a personas reales en circunstancias reales, la teoría social pseudohegeliana de Proudhon se remite a esas circunstancias, solo que desprovistas de las personas que les dan vida) y traerla a cuento de este nuevo pensamiento teórico: en lugar de la matriz religiosa que tiene a Dios en su núcleo, la deconstrucción post-secular se refiere a la matriz misma, desprovista de la figura positiva de Dios que la sostiene.

La misma configuración se repite en la fidelidad de Derrida al espíritu del marxismo: "La deconstrucción no tiene ningún sentido o interés, al menos desde mi perspectiva, si no se la toma como una radicalización, lo que también significa tomarla en la tradición de cierto marxismo, en cierto *espíritu del marxismo*"[30]. Lo primero a notar en cuanto a esto (y algo de lo que Derrida es indudablemente consciente) es que esa "radicalización" se apoya en la oposición tradicional entre letra y espíritu: reafirmar el espíritu auténtico de la tradición marxista quiere decir dejar atrás su letra (los análisis teóricos y los esquemas de acción revolucionaria propuestos por Marx, inevitablemente teñidos por la tradición de la ontología) a fin de rescatar de las cenizas la auténtica

---

30. Jacques Derrida, *Specters of Marx*, New York, Routledge, 1994, p. 92 (Traducción: *Espectros de Marx*, Madrid, Trotta, 1998).

promesa mesiánica de liberación emancipatoria. Lo que no puede dejar de sorprendernos es la extraña proximidad que hay entre tal "radicalización" y (cierta comprensión usual de) la superación (*Aufhebung*) hegeliana. En la promesa mesiánica, la herencia marxista queda "superada"; su núcleo esencial es redimido por medio del propio gesto de superación o renuncia a su forma histórica específica. Y — este es el eje de la operación de Derrida— el punto ya no pasa solo por el abandono de las formulaciones y esquemas de acción concretamente propuestos por Marx y su reemplazo por otras medidas y análisis más adecuados, sino más bien por el hecho de que la promesa mesiánica constituyente del "espíritu" del marxismo queda traicionada ante *cualquier* formulación teórica particular, ante *cualquier* traducción suya a *cualquier* medida económico-política determinada. La premisa que subyace a la "radicalización" de Marx vía Derrida es que cuanto más "radicales" son esas medidas de acción económico-políticas determinadas (hasta llegar a los campos de la muerte de los Jemeres Rojos o de Sendero Luminoso), menos radicales son en términos efectivos, y más quedan atrapadas en el horizonte ético-político metafísico. En otras palabras, lo que la "radicalización" de Derrida significa es, en cierto modo (y más precisamente: en el modo práctico), exactamente lo contrario: la renuncia a toda acción política radical real (a propósito de esto, cada una de las intervenciones políticas concretas de Derrida, desde su admiración por Mandela a su compromiso con los filósofos disidentes de la Checoslovaquia comunista y su apoyo condicionado a los bombardeos sobre Irak durante la Guerra del Golfo, lo muestran perfectamente ajustado a los posicionamientos del izquierdista moderado).

La política radical de Derrida implica el hiato irreductible entre la promesa mesiánica de la democracia por venir y el conjunto positivo de sus encarnaciones reales; a causa de esa misma radicalidad, la promesa mesiánica sigue siendo para siempre una promesa, no puede traducirse jamás en un conjunto de acciones económico-políticas determinadas. La discordancia entre el abismo de la Cosa indecidible y cualquier decisión particular no puede salvarse; nuestra deuda con el Otro no puede saldarse nunca; nuestra respuesta a su llamado no es nunca del todo adecuada. Esta posición se opone a las tentaciones gemelas del pragmatismo sin principios y del totalitarismo, que eliminan por igual aquel hiato, solo que, mientras que el pragmatismo reduce la actividad política a mero maniobrar oportunista, a intervenciones estratégicas en coyunturas determinadas, prescindiendo de cualquier remisión a una Otredad trascendental, el totalitarismo, por su parte, identifica a la Otredad incondicional con una figura histórica particular (el Partido es la personificación directa de la razón histórica). En definitiva, la problemática del totalitarismo surge aquí con su sesgo deconstruccionista específico: en su manifestación más elemental —y casi nos sentimos tentados a decir ontológica— el totalitarismo es una fuerza política que aspira no solo a lograr el control total de la vida social, la transparentación completa de la sociedad, sino el cortocircuito entre la otredad mesiánica y un agente político determinado. Lo *por venir* es, así, no ya simplemente una cualificación adicional de la democracia, sino su núcleo más íntimo, lo que hace que la democracia sea democracia. En el momento en que la democracia deja de ser algo por venir y se pretende actual, completamente realizada, ahí entramos en el totalitarismo.

Para evitar cualquier malentendido: esta democracia por venir no es, por supuesto, apenas una democracia que promete llegar en el futuro, sino una democracia cuya llegada está siempre pospuesta. Derrida es muy consciente de la urgencia, de la "ahoridad", de la necesidad de justicia; si algo le es extraño a su pensamiento, es ese complaciente aplazamiento de la democracia a un estadio posterior de la evolución, como en la proverbial distinción estalinista entre la dictadura del proletariado actual y la futura democracia plena, que legitima el terror presente en tanto creador de las condiciones necesarias para la libertad que habrá de llegar un día. Esta estrategia en dos fases es, para Derrida, lo peor de la ontología, y en contra de esa calculada economía de dosis correctas de (no) libertad es que la democracia por venir se refiere a las emergencias y estallidos imprevisibles de responsabilidad ética, cuando me veo súbitamente confrontado con una necesidad apremiante de responder a un llamado, de intervenir en una situación que considero intolerablemente injusta. De todas maneras, es sintomático que Derrida mantenga a pesar de todo la oposición entre tal experiencia espectral del llamado mesiánico de la justicia y su ontologización, su transposición a un conjunto de medidas positivas de tipo legal, político, etc. O —para decirlo en términos de la oposición entre ética y política— lo que Derrida moviliza aquí es el hiato entre ética y política:

> *Por una parte, la ética queda definida como la responsabilidad infinita de la hospitalidad incondicional. Mientras que, por la otra, la política puede ser definida como la toma de una decisión sin ninguna garantía trascendental precisa. Así, la separación presente en Levinas le permite a Derrida afirmar la primacía de la ética de la hospitalidad, pero dejando abierta al mismo tiempo la esfera de la política como el dominio del riesgo y del peligro*[31].

31. Simon Critchley, *Ethics-Politcs-Subjectivity. Essays on Derrida, Levinas and Contemporary French Thought*, London,199, p. 275.

Lo ético es, así, el (tras)fondo de la indecidibilidad, mientras que lo político hace al ámbito de la(s) decisión(es), de la asunción del riesgo pleno al atravesar el hiato y al traducir esa imposible demanda ética de justicia mesiánica en una intervención particular que nunca está a la altura de aquella demanda, que es siempre injusta hacia (algunos de) los otros. El ámbito propiamente ético, la demanda espectral incondicional que nos hace absolutamente responsables y que nunca puede traducirse en una medida o una intervención positivas, es quizás, de esta forma, no tanto un marco o un trasfondo formal *a priori* para las decisiones políticas, como una *différance* cuya indeterminación es inherente y que es indicativa de que ninguna decisión determinada puede cumplir su objetivo por completo. Esta frágil y provisoria unidad del mandato ético incondicional y la intervención política pragmática encuentra su mejor expresión en una paráfrasis de la famosa fórmula de Kant sobre las relaciones entre la razón y la experiencia: "Si la ética sin la política está vacía, la política sin la ética está ciega"[32]. Tal solución, elegante como es (en ella la ética es condición de posibilidad y condición de imposibilidad de la política, a la vez abriendo el espacio de la decisión política como un acto no garantizado por el gran Otro y condenándolo al fracaso definitivo), debe ser contrapuesta a la concepción del acto en sentido lacaniano, concepción en la que se borra justamente la distancia entre la ética y la política.

Podríamos recurrir —cómo no— al caso de Antígona. Puede decirse que Antígona ejemplifica la fidelidad incondicional a la Otredad de la Cosa que trastorna la totalidad del edificio social; vista desde la ética de la *Sittlichkeit*, de las *mores* que regulan la intersubjetividad

---

32. Simon Critchley, op.cit., p. 283.

colectiva de la polis, la insistencia de Antígona es realmente loca, disruptiva, malvada. En otras palabras, en términos de la noción deconstruccionista de promesa mesiánica que está siempre por venir, ¿no es Antígona una figura proto-totalitaria? En lo que hace a la tensión (que brinda las coordenadas definitivas del espacio ético) entre el Otro en tanto Cosa, la Otredad abismal que se dirige a nosotros con su mandato incondicional, y el Otro como Tercero, instancia mediadora de mi encuentro con los otros (otros humanos "normales") y en donde ese tercero puede ser la figura de la autoridad simbólica pero también la trama "impersonal" de normas que regulan mi intercambio con los otros, ¿no representa Antígona la vinculación exclusiva e intransigente con el Otro *qua* Cosa, que eclipsa al Otro *qua* Tercero, a la instancia de la mediación o la reconciliación simbólica? O, por decirlo en términos ligeramente irónicos, ¿no es Antígona la anti-habermasiana por excelencia? Cero diálogo, cero intento de convencer a Creonte de las buenas razones de sus actos apelando a la argumentación racional: ninguna otra cosa que la ciega insistencia en sus derechos. Si están en algún lado, lo que podemos llamar "argumentos" están con Creonte (el entierro de Polinices provocaría inquietud pública, etc.), mientras que el contrapunto de Antígona es siempre, en última instancia, su insistencia tautológica: "¡OK, todo lo que quieras, pero no va a cambiar nada. Me aferro a mi decisión!".

Una interpretación de este tipo está lejos de ser una lectura caprichosa. Algunos de los que leen a Lacan como un protokantiano lo que hacen es (mal)interpretar concretamente su lectura, sosteniendo que Lacan condena la obstinación incondicional de Antígona, que la rechaza como un trágico ejemplo del suicida que pierde la distancia adecuada respecto de la Cosa, de la letalidad de la Cosa, sumergiéndose directamente en ella. Así, desde esa perspectiva, la oposición entre Creonte y Antígona es la que existe entre el pragmatismo sin principios y el totalitarismo: lejos de ser totalitario, Creonte actúa como un hombre de Estado pragmático, que aplasta sin piedad cualquier acción que pueda poner en riesgo el funcionamiento normal de la paz cívica y estatal. Avanzando un poco más, ¿no es ya totalitario el gesto elemental mismo de la sublimación, en tanto este consiste en elevar un objeto a la condición de Cosa, en tomar un objeto que forma parte de nuestra realidad ordinaria y elevarlo a objeto incondicional que el sujeto valora más que la vida misma? ¿Y no es este cortocircuito entre un objeto determinado y la Cosa la condición mínima del totalitarismo ontológico? Y la lección ética de la deconstrucción, frente a tal cortocircuito, ¿no es acaso que el hiato que separa a la Cosa de cualquier objeto determinado es insalvable?

EL OTRO: IMAGINARIO, SIMBÓLICO, REAL

El problema aquí es el siguiente: ¿no es acaso la "ética de lo Real" lacaniana —la ética que no gira en torno a un dios imaginario ni una forma simbólica pura de un dios universal— otra versión, en definitiva, de esa ética deconstructiva levinasiana del encuentro traumático con una Otredad radical ante la cual el sujeto está infinitamente en deuda? ¿No es eso que Lacan mismo denomina "Cosa ética" la referencia principal, el prójimo, el *Nebenmensch* en su dimensión abisal de Otredad irreductible a la simetría del reconocimiento mutuo del Sujeto y su Otro, y en el que la dialéctica hegeliana-cristiana de la lucha intersubjetiva se resuelve, es decir, en el que ambos polos encuentran una mediación exitosa? Aunque estemos muy tentados de aceptar esto, *aquí* es justamente donde hay que insistir en el modo en que Lacan realiza el pasaje de la Ley al Amor, que en definitiva es el paso del judaísmo al cristianismo. Para Lacan, el horizonte final de la ética no es la deuda infinita respecto de una Otredad abisal. Para él, el acto es el correlato estricto de la suspensión del gran Otro, no solo en tanto esa red simbólica que constituye la sustancia de la existencia del sujeto, sino también en el sentido del originador ausente del llamado ético, de aquel que se dirige a nosotros y ante quien somos irreductiblemente deudores y/o responsables; esto es, surgimos como sujetos en respuesta al llamado del Otro. El acto (ético) propiamente dicho no es ni una respuesta a la súplica compasiva de mi semblante amistoso (lo que es asunto del humanismo sentimental) ni una respuesta al insondable llamado del Otro. Tal vez aquí podríamos correr el riesgo de interpretar a Derrida en contra de Derrida. En su *Políticas de la amistad*, Derrida trata de separar la decisión de sus predicados metafísicos habituales (autonomía, conciencia, actividad, soberanía) y la piensa como "la decisión de otro en mí":

> *La decisión pasiva, condición del acontecimiento, es siempre, estructuralmente, la decisión de otro en mí, una decisión que se presenta como la decisión del otro. Del absolutamente otro en mí, del otro como el absoluto que decide sobre mí en mí*[33].

Cuando Simon Critchley trata de explicar esa idea derridiana de "decisión de otro en mí" en cuanto a sus implicancias políticas, su planteo revela una ambigüedad radical:

33. Jacques Derrida, *Políticas de la amistad*, Trotta, Madrid, 1998, p. 87.

De modo que cada decisión política se produce ex nihilo, *sin que se deduzca o interprete a partir de una concepción previa de justicia o ley moral* [como podría ser en Habermas], *y aun así no es una decisión arbitraria. Es la demanda provocada por la decisión de otro en mí lo que hace que surja la invención política, lo que me incita a inventar una norma y tomar una decisión*[34].

Si interpretamos rigurosamente este planteo, vemos que de repente se nos presentan *dos* niveles de decisión: el hiato ya no es tan solo entre el abisal llamado ético del Otro y mi decisión (en última instancia siempre inadecuada, pragmática, calculada, contingente e infundada) respecto de cómo traducir ese llamado en una intervención concreta, sino que la decisión misma se quiebra en dos: la "decisión de otro en mí" y mi decisión de llevar a cabo una intervención política pragmática como respuesta mía a esa decisión de otro en mí. La primera decisión, en definitiva, se reconoce en/como la exigencia, proveniente de la Cosa en mí, de que yo decida; es una *decisión de decidir*, y sigue siendo responsabilidad mía (del sujeto) el transformar esa decisión de decidir en una intervención concreta, el inventar una nueva regla a partir de una situación singular, en la cual esa intervención tendrá que obedecer a consideraciones pragmáticas/estratégicas sin estar nunca al nivel de *la* decisión. De todos modos, y volviendo a Antígona, ¿se aplica a ella esa distinción en dos niveles? ¿O no es mejor decir que su decisión (la de insistir incondicionalmente en un funeral apropiado para su hermano) es justamente una decisión absoluta en la que se *superponen* ambas dimensiones de la decisión? *Tal* es el acto lacaniano en el que el abismo de la libertad, la autonomía y la responsabilidad absolutas coinciden con una necesidad incondicional: me siento obligado a realizar el acto como un

34. Simon Critchley, op.cit., p. 277.

autómata, sin pensar (simplemente *tengo* que hacerlo, no es un tema de deliberación estratégica). Dicho en términos más lacanianos, la "decisión de otro en mí" no remite a la vieja caja de herramientas estructuralistas con sus frases como "no soy yo-sujeto quien habla sino el gran Otro, el orden simbólico mismo, el que habla a través de mí, y yo soy hablado por él", sino a algo mucho más radical e inaudito. Lo que le da esa entereza tan firme e intransigente a Antígona y la lleva a perseverar en su decisión es justamente la identificación directa entre su decisión particular/determinada y la exigencia o el llamado de (la Cosa de) el Otro. Ahí reside la monstruosidad de Antígona, ahí reside la locura de la decisión kierkegaardiana que Derrida evoca: no es que Antígona se remite al Otro-Cosa sino más bien que, por un momento breve y fugaz de —justamente— decisión, Antígona es la Cosa, excluyéndose a sí misma, por ende, de la comunidad regulada por la intermediación de las normas simbólicas.

La cuestión del otro requiere que se la someta a un tipo de análisis espectral que haga visibles sus aspectos imaginarios, simbólicos y reales. Quizás ese análisis nos provea un ejemplo acabado de la noción de Lacan según la cual esas tres dimensiones se unen en un nudo borromeo. Tenemos, primero, el otro imaginario: otras personas "como yo", seres humanos con quienes me involucro en relaciones espejadas de competencia, reconocimiento mutuo y demás. Luego está el gran Otro simbólico, la sustancia de nuestra existencia social, el conjunto impersonal de reglas que coordinan nuestra coexistencia. Por último, está el Otro en tanto Real, la Cosa imposible, el "compañero inhumano", el Otro con el que no es posible ningún diálogo simétrico, mediado por el Orden simbólico. Y es fundamental que podamos percibir el modo en que estas tres dimensiones se enlazan. El prójimo en tanto Cosa significa que, por detrás del prójimo como mi semblante, como mi imagen que se refleja, acecha siempre el abismo insondable de la Otredad radical, de una Cosa monstruosa que no puede ser domesticada. Lacan señala esta dimensión en el Seminario 3:

> *Escribimos, si les parece bien, ese otro con una A mayúscula [Autre]. ¿Por qué con una A mayúscula? Por una razón sin duda delirante, como ocurre siempre que nos vemos obligados a introducir signos suplementarios a los que el lenguaje brinda. La razón delirante es aquí la siguiente. Tú eres mi mujer: después de todo, ¿qué sabe uno? Tú eres mi amo: de hecho, ¿cómo estar seguro? El valor fundante de estas palabras está precisamente en que lo apuntado por el mensaje, así como lo manifiesto en el fingimiento, es que el Otro está ahí en tanto que Otro absoluto. Absoluto, es decir que es reconocido, pero no conocido. Asimismo, lo que constituye el fingimiento es que, a fin de cuentas, no saben si es o no un fingimiento. Esta incógnita en la alteridad del Otro es lo que caracteriza esencialmente la relación de palabra en el nivel en que es hablada al otro.*[35]

La noción lacaniana (de comienzos de los 50) de una "palabra fundadora", de una declaración que nos confiere un título simbólico y de esa manera hace de nosotros lo que somos (esposa, amo), tiende a ser percibida en general como un eco de la teoría performativa del lenguaje (el nexo entre Lacan y Austin, el autor de la noción de lo performativo, era Émile Benveniste). Queda claro a partir de la cita anterior, sin embargo, que Lacan apunta a algo más: necesitamos recurrir a la performatividad, al compromiso simbólico, solo y justamente en la medida en que el otro que encontramos no es apenas el semblante imaginario sino, también, el esquivo y

---

35. Jacques Lacan, *El seminario. Libro 3: Las psicosis*, 1955-1956, Buenos Aires, Paidós, 2009 (17ª reimpr.), p. 59.

absoluto Otro de la Cosa Real con el que no hay interacción recíproca posible. A fin de que nuestra coexistencia con la Cosa se vuelva mínimamente tolerable, debe intervenir el orden simbólico en tanto Tercero, el mediador pacificador. La domesticación del Otro-Cosa en compañero humano normal no puede darse por nuestra interacción directa, sino que presupone a ese tercero al que ambos nos sometemos: no existe intersubjetividad, no hay relación simétrica entre seres humanos, sin el Orden simbólico impersonal. Ningún eje entre ambos términos puede existir, así, sin el tercero. Si el funcionamiento del gran Otro queda suspendido, el prójimo amigable pasa a coincidir con la Cosa monstruosa (Antígona); si no hay un prójimo con el cual pueda relacionarme en tanto compañero humano, el Orden simbólico en sí se convierte en la Cosa monstruosa que me parasita de manera directa (como el Dios de Daniel Paul Schreber, que me controla directamente, penetrándome con rayos de *jouissance*). Si no hay una Cosa que apuntale nuestro intercambio cotidiano y simbólicamente regulado con los otros, nos descubrimos en un universo habermasiano aséptico, aplanado, de sujetos desprovistos de *hybris*, de excesiva pasión, reducidos a apagados peones dentro del juego reglamentado de la comunicación. Antígona, Schreber, Habermas: todo un extraño *ménage à trois*.

EL ACTO ÉTICO: MÁS ALLÁ DEL PRINCIPIO DE REALIDAD

La antinomia de la razón posmoderna que nos permite ver la diferencia entre la realidad y lo Real es la que se da en esa aparente contraposición de los dos lugares comunes ideológicos que predominan en la actualidad. De un lado tenemos la ideología del "realismo": vivimos en la era del fin de los proyectos ideológicos, seamos realistas, cortemos con la inmadurez de las ilusiones utópicas. El sueño del Estado de bienestar se acabó, tenemos que conformarnos con el mercado global. El título de la historia del comunismo escrita por François Furet, *El pasado de una ilusión* —que invierte a *El futuro de una ilusión* de Freud—, directamente descansa sobre ese realismo posmoderno: la ilusión ya no es más una fuerza que ha de persistir en los tiempos por venir, deja de ser eso que por definición está cargado de futuro, para volverse algo del pasado, algo cuyo tiempo terminó. Una referencia a la realidad de esas características funciona como una apelación dogmática directa, que exime a quien la profiere de la necesidad de argumentar. Del otro lado, el contrapunto inherente de ese realismo es la idea de que no existe una realidad verdadera y de que lo Real es la ilusión, el mito metafísico supremo: lo que percibimos como realidad no es más que el resultado de cierto conjunto históricamente específico de prácticas discursivas y mecanismos de poder. Aquí, la crítica ideológica de las ilusiones en nombre de la realidad se universaliza y se invierte en su contrario: la realidad misma es la máxima ilusión.

La lección que podemos extraer de esta paradoja atañe a la oposición entre la realidad y lo Real: desprovista del núcleo duro de lo Real, de eso que se resiste a la simple integración en nuestra realidad común (simbolización, integración en nuestro universo), la realidad adquiere una textura maleable, indefinidamente plástica, que justamente pierde su carácter de realidad y se vuelve un efecto fantasmático de las prácticas discursivas. Y también cabe el anverso de la misma paradoja: la experiencia máxima de lo Real no es la de una realidad que destruye toda ilusión, sino la de una ilusión que pervive irracionalmente contra la presión de la realidad, sin ceder a esta. Aquella broma triste, todo un negativo del sentido común, de los reformistas de la República

Democrática Alemana (RDA) tras las duras medidas de corte estalinista contra las reformas económicas liberales de comienzos de la década del 70; aquella broma que decía, en pocas palabras, "Otra realidad se vino abajo desde la dura roca de la ilusión", capta perfectamente esa insistencia de lo Real localizada en la ilusión misma. La premisa de Freud en *El futuro de una ilusión* es que la ilusión es lo que es no porque las personas no seamos capaces de aceptar la dura realidad y recurramos entonces a falsos sueños, sino porque dicha ilusión se apoya en la insistencia incondicional de una pulsión que es más real que la realidad misma.

Podemos ahora ubicar con precisión el acto ético —o mejor, el acto como tal— en relación con el reino del principio de realidad: no es tanto que un acto ético está "más allá del principio de realidad" (en el sentido de que se mueva contra la corriente, insistiendo en su Causa-Cosa sin considerar la realidad), sino más bien que designa una intervención que modifica las coordenadas mismas del principio de realidad. El principio de realidad freudiano no designa lo Real sino las restricciones de lo que se experimenta como posible dentro del espacio social simbólicamente construido; o sea, las demandas de la realidad social. Y un acto no es apenas un gesto que hace lo imposible, sino una intervención en la realidad social que transforma las coordenadas de lo que es visto como posible; no está más allá del bien, sino que redefine lo que cuenta como bien. Tomemos un ejemplo típico de desobediencia civil (como es precisamente el caso de Antígona): no alcanza con enunciar que decido desobedecer la ley pública positiva por respeto a una ley más elemental, la cuestión no es tener que lidiar con un conflicto entre diferentes obligaciones que se resuelve cuando el sujeto comprende sus prioridades y establece una jerarquía clara entre aquellas obligaciones en tensión ("En principio obedezco la ley pública, pero si esa ley afecta a mi respeto por los muertos...”). El gesto de desobediencia civil de Antígona es performativo de un modo mucho más radical: por su insistencia en darle al hermano muerto un funeral apropiado, ella desafía la noción predominante de bien.

Cierta mala lectura bastante prototípica de la ética kantiana lo que hace es reducir la cuestión a una teoría que postula como único criterio del carácter ético de un acto la pura interioridad del propósito subjetivo, como si la diferencia entre el acto ético verdadero y el mero acto legal tuviera solamente que ver con la actitud interior del sujeto: en un acto legal, me atengo a la ley en función de cierto reparo patológico (temor al castigo, satisfacción narcisista, admiración por mis semejantes...), mientras que el mismo acto podrá ser un acto ético genuino si lo realizo en función del respeto que siento por lo que es debido, es decir, si el único motivo por el que lo hago es el deber. En este sentido, un acto ético propiamente dicho es dos veces formal: no solo obedece a la forma universal de la ley, sino que además esa forma universal es su único motivo. Sin embargo, podríamos preguntarnos si acaso no es saliéndose de esa doble presencia de la forma como puede irrumpir un nuevo contenido. ¿Podría ser que un contenido verdaderamente nuevo que rompa de manera efectiva el marco del formalismo (de las normas formales legales) solo logre emerger a través de la *reflexión en sí* de la forma? Puesto en los términos de la ley y su transgresión, el acto ético propiamente dicho es una transgresión de la norma legal, una transgresión que, a diferencia de la simple violación de la ley, además de violar la norma legal redefine lo que es una norma legal. La ley moral no se atiene al bien, sino que genera una nueva forma para lo que cuenta como bien.

Y aquí es donde nos topamos con el problema crucial, es decir, aquí es donde surge la pregunta ingenua: ¿por qué es así? ¿Por qué no puede haber un acto ético que simplemente realice una norma ética ya existente, de modo que el sujeto actúe solo por deber? Abordemos este problema desde su otra punta: ¿cómo es que surge una nueva norma ética? La interacción entre el marco de normas existentes y el contenido empírico al que esas normas se aplican no puede explicar ese surgimiento: no es que tengamos que inventar nuevas normas cuando la situación se vuelve muy complicada o cambia radicalmente, al punto de que ya no puede ser cubierta de manera adecuada por las normas antiguas (como sí sería el caso en la clonación o el transplante de órganos, donde las normas antiguas llegan a un punto muerto en cuanto a su aplicabilidad). Es otra condición la que debe satisfacerse: mientras que un acto que simplemente aplica una norma existente puede ser lisa y llanamente legal, este otro acto que redefine lo que es una norma ética no puede ser realizado como mero gesto legal, y en cambio tiene que darse como gesto formal en el doble significado del término ya referido: tiene que ser realizado en nombre del deber. ¿Por qué? ¿Por qué no puede realizarse como adaptación de las normas a una nueva realidad?

Cuando modificamos las normas legales para acomodarlas a nuevas demandas de la realidad (por ejemplo, cuando los católicos liberales hacen "realistamente" alguna concesión parcial a los nuevos tiempos y aceptan el uso de métodos anticonceptivos en el seno de las relaciones matrimoniales), lo que hacemos con la ley es despojarla de entrada de su dignidad, puesto que les damos a las normas un trato utilitarista, cual instrumentos que están para permitirnos encaminar la satisfacción de nuestros intereses patológicos (de nuestro bienestar). Esto significa que el rígido formalismo legal (hay que atenerse sin condiciones y en toda circunstancia a la letra de la ley, cueste lo que cueste) y el oportunismo utilitarista pragmático (las normas son flexibles, pueden cambiar de acuerdo con las demandas de la vida, no son un fin en sí mismas, simplemente tienen que servir a la gente y sus necesidades) son las dos caras de una misma moneda, en el sentido de que ambas comparten por presupuesto la exclusión de la idea de trangresión de la norma como un acto ético, realizado en nombre del deber. Más aún, lo que esto significa es que el Mal radical es, en su expresión más extrema, no una violación salvaje de la norma sino la obediencia misma a la norma por razones patológicas. Hacer lo correcto por la razón equivocada, atenerse a la ley porque es lo que más me conviene, es mucho peor que simplemente transgredir la ley. La transgresión directa solo viola la ley, dejando intacta su dignidad (y hasta reafirmándola por la negativa), mientras que el hacer lo correcto por la razón equivocada corroe la dignidad de la ley desde adentro, tomando la ley no como algo a respetar sino como algo rebajable a instrumento de nuestros intereses patológicos; ya no es una transgresión desde afuera de la ley sino su propia autodestrucción, su suicidio. En otras palabras, la jerarquía kantiana tradicional de las formas del Mal debería ser dada vuelta: lo peor que puede ocurrir es la legalidad exteriorista, el atenerse a la ley por razones patológicas; le sigue la violación simple de la ley, el desprecio por la ley, y recién al final viene ese opuesto exacto, simétrico, del hacer lo correcto (lo ético) por la razón equivocada (patológica), que es el hacer lo equivocado por la razón correcta, el violar las normas sin ninguna razón patológica, simplemente por violarlas, y que se corresponde con lo que Kant llamó (aunque negando su posibilidad) "Mal diabólico", un Mal que formalmente es indistinguible del Bien.

De modo que en un acto ético no se trata solamente de que este se realiza por deber o, *además*, de que genera efectos reales o, *además*, de que produce una intervención en la realidad. Lo que hace es algo más que intervenir en el sentido de provocar consecuencias en la realidad: redefine lo que cuenta como realidad. En un acto de este tipo lo interior y lo exterior, la intención y las consecuencias, coinciden; son las dos caras de la misma moneda. Y, a propósito, lo mismo que decimos de la ética vale para la ciencia: la ciencia toca lo Real no tanto cuando explica la realidad común —diciendo, por ejemplo, que el agua se compone de hidrógeno y oxígeno—, sino más bien cuando genera nuevos objetos que pasan a formar parte de nuestra realidad y en simultáneo hace que estalle el marco de referencias establecido hasta entonces: la bomba atómica, los clones como la desafortunada oveja Dolly, etc. Al explicarnos el agua como una composición determinada de hidrógeno y oxígeno, dejamos a la realidad tal como estaba antes de la explicación; en todo caso la duplicamos en otro nivel (de fórmulas y demás) que nos sirve para aprender cómo "realmente" es nuestra realidad común. La monstruosidad de lo Real surge cuando, por la mediación del conocimiento científico, objetos nuevos y "antinaturales" se vuelven parte de nuestra realidad cotidiana.

EL PAPA VERSUS DALAI LAMA

¿Cuáles son las consecuencias prácticas, hoy, de esta comprensión del acto? Mientras estaba terminando de preparar para su edición uno de mis primeros libros en inglés, el editor me insistió en que pusiese todas las referencias bibliográficas bajo la infame normativa "autor-fecha": en el cuerpo principal del texto solo debe mencionarse el apellido del autor, el año de publicación y el número de página, y luego ofrecer la referencia completa en un listado hecho por orden alfabético al final del libro. Para vengarme del editor, entonces, apliqué el mismo criterio a las citas de la Biblia y así, en la lista final, incluí la entrada "Cristo, Jesús (33): *Discursos y pensamientos reunidos*, editado por Marcos, Mateo, Lucas y Juan, Jerusalén", mientras que en el texto principal deslicé fragmentos de tipo: "Sobre esta noción de mal, ver también los interesantes aportes en Cristo (33)". El editor rechazó el esquema diciendo que lo mío era una blasfemia de mal gusto y exhibiendo el mayor desinterés ante mi argumento en defensa propia, el cual consistió en decir que aquella forma de proceder era profundamente cristiana, puesto que trataba a Cristo como un ser plenamente humano, como al Dios que es siendo ser humano (autor), algo en sintonía, entre otras cosas, con su crucifixión entre dos delincuentes comunes. Cristo es el primer y único dios-*readymade* de la historia de las religiones, alguien completamente humano e indistinguible de otros humanos comunes y corrientes: nada en su apariencia física hace de él un dios. Tal como la bicicleta o el urinario de Duchamp carecen de propiedades inherentemente artísticas y se vuelven arte por el lugar que ocupan, Cristo no es un dios dado en función de sus intrínsecas cualidades divinas y solo en tanto es hijo de Dios puede performar (milagros) para ponerse en ese lugar simbólico. Hay cierto pasaje de lo trágico a lo cómico y hasta lo bufo en el núcleo mismo de la iniciativa cristiana: la de Cristo no es, claramente, la figura del amo heroico y digno.

Por eso mismo es que todo buen cristiano puede, lejos de sentirse ofendido, divertirse sin culpa cuando se cruza con parodias como la de Edward Moser en *The Politically Correct Guide to the Bible* [*Guía políticamente correcta de la Biblia*]. Si algún defecto tiene este libro hilarante es que se basa siempre en un mismo procedimiento, el de abrir cada pasaje con un versículo bíblico más o menos conocido para adosarle enseguida un final de frase con una observación totalmente contemporánea. Así, al modo de la célebre salida de Marx acerca de cómo funcionan en la vida real, bajo las órdenes del mercado, los derechos humanos garantizados por la Revolución Francesa ("Libertad, igualdad y Bentham"), Moser escribe: "Aunque pase por un valle tenebroso, ningún mal temeré, porque 'mal' y 'bien' son meros constructos lógicos", o también: "Y comenzaron a hablar en lenguas extrañas, y cada uno los oía hablar en su propia lengua, en virtud de los programas de educación bilingüe". La parodia toca su punto más alto cuando Moser reescribe los diez mandamientos como "Las diez recomendaciones", de las que alcanza con citar dos: "Acuérdate del sábado, para que puedas ese día hacer todas tus compras" y "No pronunciarás el nombre de Dios en vano, sino con todas las ganas, sobre todo si eres un cantante de gangsta rap"[36].

El problema es que eso que hasta aquí se presenta como una exageración satírica es algo que ocurre en la vida de hoy constantemente. John Gray, el autor de *Los hombres son de Marte, las mujeres son de Venus*, desplegó en una seguidilla de programas de Oprah Winfrey toda una vulgata del psicoanálisis narrativista-deconstructivista: dado que en última instancia somos las historias que nos contamos sobre nosotros mismos, la solución para un bloqueo psíquico reside en una reescritura creativa, positiva, del relato de nuestro pasado. Lo que Gray tenía en mente no era solo la terapia cognitiva convencional, transformadora de las "falsas creencias" negativas acerca de uno mismo en confianza en que uno es amado por los otros y capaz de asegurarse logros en lo creativo, sino una noción más radical, pseudofreudiana,

36. Edward Moser, *The Politically Correct Guide to the Bible*, Nueva York,1997, pp.125,126 y 72.

de regresión a la escena de la herida traumática primordial. Es decir que Gray acepta la noción psicoanalítica de un núcleo duro formado por alguna experiencia traumática de la primera infancia, que marcó para siempre el desarrollo ulterior del sujeto, dándole un giro patológico. Pero en su propuesta, después de regresar a esa escena traumática primitiva y enfrentarla directamente, el sujeto, bajo la guía del terapeuta, debe reescribir esa escena, ese marco fantasmático último de su subjetividad, en un relato más productivo, benigno y positivo. Digamos: si la escena traumática primordial que ha insistido en el inconsciente, deformando e inhibiendo nuestra actitud creativa, es la de nuestro padre gritándonos: "¡No vales nada! ¡Te desprecio! ¡Nunca vas a llegar a nada!", deberíamos poder reescribirla en una nueva escena con un padre benévolo que nos sonríe cariñosamente y nos dice: "¡Qué hijo estupendo! ¡Confío plenamente en ti!". (En uno de los programas conducidos por Oprah Winfrey, Gray representó directamente esta experiencia de reescritura del pasado con una mujer que terminó abrazándolo con gratitud, llorando de felicidad ante la certeza de que ya no la obsesionaría la actitud despectiva de su padre hacia ella).

Jugar este juego hasta el final, como cuando el Hombre de los Lobos "regresó" a la escena traumática —presenciar el *coitus a tergo* parental— que había determinado su desarrollo psíquico ulterior, ¿sería tal vez reescribir esa escena de manera tal que, en los hechos, el Hombre de los Lobos solo viera a sus padres acostados, papá leyendo el diario y mamá una novela sentimental? (Por ridículo que parezca este procedimiento, no olvidemos que también tiene su versión políticamente correcta: la de las minorías étnicas, sexuales y demás que reescriben su pasado de una manera más positiva y autoafirmativa). Siempre en la misma línea, uno puede percibir que hoy se propone la reescritura hasta de textos como el Decálogo: ¿Alguno de los mandamientos es demasiado severo? Volvamos a la escena del Monte Sinaí y reescribámosla: adulterio, sí, siempre que sea sincero y sirva a tu objetivo de realización personal profunda. Ejemplo de esto es el libro *The Hidden Jesus* [*El Jesús* oculto], de Donald Spoto: una lectura new age-liberal del cristianismo donde a propósito del divorcio podemos leer:

> *Jesús condenaba claramente el divorcio y el casamiento en segundas nupcias. (...) Pero sin ir más allá y sin decir que el matrimonio no podía disolverse (...) en ninguna de sus enseñanzas se da una situación en la que Jesús ate por siempre a una persona a las consecuencias de su pecado. El trato que les daba a los demás era siempre para liberarlos, no para legislarlos. (...) Es evidente que, en efecto, algunos matrimonios simplemente se acaban, los compromisos se abandonan, las promesas se violan, el amor se traiciona.*[37]

Por más empáticas y liberales que nos parezcan, estas líneas muestran una confusión fatal entre lo que es del orden de los altibajos emocionales y lo que hace a un compromiso simbólico incondicional que en principio debería valer justamente cuando ya no cuenta con el apoyo de las emociones directas: "No te divorciarás, salvo que tu matrimonio 'en efecto' se acabe y lo vivas como una carga emocional insoportable, que frustra la realización de tu vida". O sea, no te divorciarás, salvo en el caso de que el divorcio tenga sentido (ya que, ¿quién se divorciaría de un matrimonio que anda bien?).

---

37. Donald Spoto, *The Hidden Jesus: A New Life*, Nueva York, 1998, pp. 153-154.

Lo que desaparece en esta disponibilidad total del pasado a su subsiguiente reescritura retroactiva no son primordialmente los hechos duros, sino lo Real de un encuentro traumático cuyo papel estructurante en la economía psíquica del sujeto se resiste para siempre a su reescritura simbólica. Emblemática en este punto es la figura de Juan Pablo II. Incluso personas que respetan su posición moral como papa y lo admiran reconocen, sin embargo, que hay algo irremediablemente anticuado en su figura, algo medieval, atado a dogmas antiguos, desconectado de las demandas de los nuevos tiempos. ¿Cómo alguien puede ignorar hoy en día la contracepción, el divorcio, el aborto? ¿No son acaso cosas que simplemente ocurren, hechos de nuestra vida? ¿Cómo puede ser que el papa niegue el derecho a abortar incluso de una monja embarazada producto de una violación (como ocurrió entre las monjas violadas durante la guerra en Bosnia)? ¿No es evidente que, aun cuando fuésemos personas que se oponen por principios al aborto, deberíamos, ante casos extremos, atenuar nuestros principios y habilitar ciertas concesiones? Aquí es donde comprendemos por qué el Dalai Lama es una figura mucho más acorde con nuestra permisiva posmodernidad: es alguien que nos ofrece un vago y agradable espiritualismo sin obligaciones específicas, en el que cualquier persona, hasta la estrella más decadente de Hollywood, puede ser su seguidor sin tener que renunciar a su estilo de vida promiscuo y su ambición de dinero. El papa, por el contrario, nos recuerda que a toda actitud propiamente ética se llega pagando un precio, y es ese apego suyo, inflexible, a los valores antiguos, y esa disposición rigurosa a desestimar las demandas "realistas" de nuestra época incluso cuando se esgrimen con argumentos que pueden parecernos obvios (como en el caso de las monjas violadas), lo que hace de él una auténtica figura ética.

JOHN WOO CRÍTICO DE LEVINAS: EL ROSTRO COMO FETICHE

A modo de conclusión, volvamos a Lacan y a Levinas para precisar la incompatibilidad entre ambos a través de la referencia al film *Contra/Cara* (1997, *Face/Off*), de John Woo, en el que un agente antiterrorista (John Travolta) y un sádico y alegre terrorista extremo (Nicolas Cage) se enredan en un juego mortal. Cuando Cage cae en estado de coma, la policía se entera de que en algún lugar de Los Angeles está activada una bomba tóxica terriblemente potente, pero, como el principal agitador de esa bomba está en coma, la única forma de conocer los detalles de su localización a fin de evitar una catástrofe es ganándose la confianza del hermano menor de Cage. Y para eso las fuerzas de seguridad tienen una idea: valiéndose de tecnología médica de punta, les extraen a Cage y a Travolta la piel de las caras, dejando la piel de Travolta en un líquido especial para su conservación y colocándole en su lugar la piel del rostro del otro, del terrorista, para que así Travolta pueda ganarse la confianza del hermano de Cage y evitar el desastre. Desgraciadamente, sin embargo, Cage vuelve del coma de repente, se levanta de la cama, se mira al espejo y ve su rostro en carne viva, y acto seguido ve la piel de la cara de Travolta conservada en un líquido. Adivinando lo que ocurrió, Cage entra en contacto con su banda, la cual toma el hospital. Cage entonces obliga a los médicos a transplantar la piel de la cara de Travolta a su propia cara y luego mata a todos los que intervineron en la tramoya y destruye toda la documentación, para que nadie pueda saber nada del trueque de rostros. Cage, el archivillano, queda libre para regresar a la vida social normal en calidad de Travolta, el superagente, al tiempo que Travolta es condenado a permanecer en una cárcel de máxima seguridad, identificado para siempre como Cage.

Sin embargo, en tanto que Cage asume el trabajo y hasta la vida privada de Travolta (teniendo sexo con la esposa del otro), Travolta logra fugarse y asume el control de la banda de Cage: cada uno se ve desempeñando el papel social del otro. Entramos, por esta vía, en los alucinantes dominios de la fantasía que se realiza; la vieja expresón "perder la cara" [*to lose face*], que habitualmente designa una situación de vergüenza moral y humillación, cobra aquí un sentido literal: la superficie de la piel de nuestra cara se vuelve literalmente la cara que usamos, una máscara que se puede cambiar, reemplazar por otra. La cara es máscara artificial reemplazable y debajo de ella lo que hay ya no es más una película de superficie corporal, sino la horripilante carne viva hecha de sangre y músculos. "Yo" no soy más la cara que todos pueden ver: esa cara era una máscara que puedo sacarme. Se abre, así, una cierta grieta ontológica, un hiato que también suele ser manipulado en las películas de David Lynch: la realidad común que nos es conocida se disuelve en lo Real proto-ontológico de la carne viva y la máscara sustituible (tal como se ve también en esa escena de *Brazil*, el film de Terry Gilliam, en la que lo que se sirve en el restaurante consiste en una colorida y apetitosa imagen de la comida en una foto adjuntada al plato y, dentro de este, apenas un mazacote amorfo).

A primera vista, queda muy claro que en el duelo entre Travolta y Cage se nos ofrece una perfecta puesta en escena de lo que Lacan llamó *relación de espejo*: en un combate a muerte con mi doble reflejado, cada golpe que él recibe es un golpe que recibo y cada golpe que da, un golpe que doy. No es de extrañar que en más de una escena se nos muestre a uno de los protagonistas —cualquiera de los dos— mirándose al espejo sin poder soportar lo que ve, la imagen de su archienemigo. Tal procedimiento es llevado a un nivel superior, irónico y reflexivo, en el enfrentamiento final, en el que en un momento Travolta y Cage quedan cada uno de un lado distinto de una abertura en la pared recubierta de espejos en cada cara: ambos sacan sus armas y apuntan al espejo, o sea, apuntan cada uno a la cara del otro (que es la que ven reflejada y la que llevan puesta), y en sus propios reflejos ven al verdadero enemigo que está del otro lado. Se comprende muy bien en esa escena que Travolta dude en gatillar y disparar contra lo que ve (la cara de Cage): del otro lado del espejo está su propia cara, la piel de su cara, y destruyéndola destruye la posibilidad de volver a tenerla un día. Y si un Cage agonizante, del otro lado, apuesta su última carta desesperada y decide tajearse con una navaja, se entiende su objetivo: impedir que Travolta recupere su propio rostro.

Esta relación especular se da en el nivel de la interacción entre lo Real (la carne viva) y lo Imaginario (las máscaras sustituíbles que usamos). Sin embargo, tal relación especular no dice toda la verdad del film. Lo primero que necesitamos hacer para discernir los trazos de una tercera dimensión simbólica es interpretar ese intercambio de rostros en relación con un trasfondo de datos bastante obvios. En lo que hace a las personalidades cinematográficas de ambos actores, cabría decir que Travolta está muy cerca del personaje que aquí interpreta Cage (el sádico y cínico alegre), mientras que Cage, que suele encarnar personajes fuertes, activos y a la vez tiernos y piadosos, encaja mucho mejor con la identidad que esta película le asigna a Travolta. No sería raro, por ende, que desde el momento en que ambos intercambian rostros el espectador pueda leer ese trueque como una forma de restitución justificada del verdadero estado de las cosas. Travolta es sumamente convincente comportándose como un archivillano que practica el sadismo con alegría, y lo mismo Cage en el papel de honesto y desesperado agente del orden preocupadísimo por que su familia entienda todo y no ponga en duda su identidad. Y aquí es donde se nos presenta la eficacia simbólica de la máscara. Es como si la relación entre la máscara y el "rostro verdadero" se invirtiera, como si los rostros reales de Travolta y Cage ya fuesen máscaras que ocultan a sus verdaderos personajes, al punto de que recién será calzándose cada uno la cara del otro que los sujetos lograrán articular libremente su verdad. El final de la película, en contra de este trasfondo, nos entrega un escenario donde todo parece volver a la normalidad y cada uno obtiene nuevamente su propia cara "natural" (hasta la hija adolescente de Travolta, que durante toda la película se pintaba la cara a lo punk, ahora exhibe su cara "natural", sin maquillajes ni piercings). Es un final mucho más ambiguo de lo que parecería. En él, el desesperado empeño de Travolta por recuperar su cara no va de la mano con lo que sería un esfuerzo similar por recuperar su verdadera naturaleza, su *self*, sino que más bien se liga con su voluntad de mantener a raya, reprimido, el lado oscuro de su personalidad.

¿Y cuánto hay de oscuro en este lado? En una de las mejores escenas del film, en la que Cage (con la cara de Travolta) encara a la hija de su enemigo y, en vez de ponerse en la actitud de padre seco y duro que se esperaría de Travolta, prácticamente flirtea con la chica y le ofrece un cigarrillo, ¿no se nos da el destello, ahí, de una relación padre-hija distinta, en la que el padre se saca la máscara de la rígida autoridad paternal y se muestra comprensivo con el estilo de vida de la hija? Quizás ese episodio acabe explicando otra escena, de las más emotivas, en la que Cage y Travolta luchan delante de la hija de Travolta, que en su mano tiene un arma. La chica se encuenta en la difícil encrucijada de Groucho Marx ("¿En qué crees? ¿En tus ojos o en mis palabras?"): está dividida entre creer en sus propios ojos (que le dictan que el hombre con la cara de su padre es su padre) o en las palabras que escucha (su verdadero padre rogándole que le crea que no es quien parece ser). Y es muy significativo que ella acabe tomando la decisión errada: optando por creer en sus propios ojos, le dispara a su padre y lo hiere en el brazo. Ahora bien, ¿es realmente la decisión errada? Es decir, ¿la chica es realmente la víctima del resultado de esa decisión que tomó basándose en sus ojos? ¿O no será que optó deliberadamente por resguardar la vida de aquel que le ofrecía una figura paterna mucho más amena que la del otro, el padre verdadero, sí, pero estricto y autoritario? Así las cosas, se entiende qué es lo que el personaje de Travolta trata de eludir en su esfuerzo por recuperar su cara: la certeza de que cualquier cara que nos pongamos es un señuelo engañoso, de que ninguna cara es verdaderamente la nuestra. En última instancia, si hay una "cara verdadera" es la que está debajo de la máscara: la carne viva, cruda, deforme, despellejada. Lo que garantiza nuestra identidad no es el rostro que usamos, sino la frágil identidad simbólica constantemente amenazada por la seductora trampa que es la cara.

A partir de esto estamos en condiciones de abordar la noción levinasiana fundamental del encuentro cara a cara con el otro como epifanía, como evento que precede a la Verdad en sí:

> *Para buscar la verdad he sostenido ya una relación con un rostro que puede dar garantía de sí mismo, cuya epifanía es, de alguna manera, una palabra de honor. Todo lenguaje como intercambio de signos verbales se remite a esa palabra de honor original. (…) El engaño y la veracidad presuponen la absoluta autenticidad del rostro*[38].

38. Emmanuel Levinas, *Totalidad e Infinito. Ensayo sobre la exterioridad*, Salamanca, Ediciones Sígueme, 2002, p. 216.

Deberíamos leer estas líneas tomando por trasfondo el carácter circular y autorreferencial del gran Otro lacaniano, la sustancia simbólica de nuestro ser, que quizás encuentre su mejor formulación en Donald Davidson y su afirmación holística de que "nuestra única prueba de una creencia son otras creencias. (...) Y como ninguna creencia se certifica a sí misma, ninguna puede ofrecer una base cierta para las demás"[39]. Lejos de funcionar como la tara fatal del orden simbólico, esta circularidad es la condición misma de su funcionamiento efectivo. Así, cuando Levinas afirma que un rostro "puede dar garantía de sí mismo", quiere decir que sirve como el punto de referencia no lingüístico que también nos permite romper la circularidad viciosa del orden simbólico, proporcionándole el fundamento último, la "autenticidad absoluta". El rostro es así el fetiche máximo, el objeto que completa (oscurece) la castración (inconsistencia, falta) del gran Otro, el abismo de su circularidad. En un nivel diferente, esta fetichización —mejor dicho, esta renegación fetichista— también es discernible en nuestra relación cotidiana con el rostro de otra persona. Esa renegación no es algo que nos hable ante todo de la realidad cruda de la carne ("Sé muy bien que detrás de la cara solo está lo Real en sus huesos, sangre y carne viva, y aun así actúo como si la cara fuese una ventana a la misteriosa interioridad del alma"), sino que nos remite a un nivel más radical, el del abismo o el vacío del Otro: la cara humana domestica a esa Cosa aterradora que es la realidad auténtica de nuestro prójimo. Y en la medida en que el vacío al que llamamos "sujeto del significante" es el correlato estricto de esa inconsistencia (falta) del Otro, el sujeto y la cara pasan a ser

39. Donald Davidson, "Empirical content", en Ernest LePore (ed.), *Truth and Interpretation. Perspectives on the philosophy of Donald Davidson*, Oxford, 1986, p. 331.

opuestos: el evento de encontrarse cara a cara con el otro no es la experiencia del abismo de la subjetividad del otro; por el contrario, el único modo de llegar a esa experiencia es a través de la desfiguración en todas sus dimensiones, desde el simple tic o la mueca que descaracteriza el rostro (en este sentido, Lacan afirma que lo Real es "la mueca de la realidad") al caso extremo de "perder la cara", a la vez física y moralmente, como en *Contra/Cara*.

Quizás el momento central en cualquier película de Jerry Lewis se da cuando el idiota que el actor representa se ve obligado a percatarse de los desastres que provocó con su comportamiento: en ese instante, mientras todos alrededor lo observan, y sintiéndose incapaz de sostener esas miradas, ahí es cuando Lewis se entrega a su estilo único de hacer muecas, distorsionando ridículamente su expresión facial al tiempo que retuerce las manos y revolea la vista. En ese intento desesperado del sujeto avergonzado por disolver su presencia y borrarse de la vista de los otros —intento que se combina con ese otro de asumir un nuevo rostro más aceptable para quienes lo rodean— está la subjetivación en su máxima pureza. ¿Qué es, entonces, la vergüenza, esa experiencia de "perder la cara"? En la versión sartreana más conocida, el sujeto "para sí" tiene vergüenza del "en sí", de lo Real estúpido de su identidad corporal: ¿de veras soy esto, este cuerpo que huele mal, estas uñas, estos excrementos? La vergüenza, en definitiva, designa el hecho de que el espíritu se liga en forma directa con la realidad corporal vulgar e inerte; por eso es que es vergonzoso, por ejemplo, defecar en público. Y en este punto Lacan nos da un contraargumento, ya que para él la vergüenza se relaciona por definición con la fantasía. Para Giorgio Agamben la vergüenza no es una pasividad simple sino una pasividad activamente asumida:

si me violan, no hay nada de que avergonzarme, pero si disfruto de que me violen merezco sentir vergüenza[40].

Asumir activamente la pasividad significaría entonces, en términos lacanianos, encontrar *jouissance* en la situación pasiva en la que uno queda atrapado. Y dado que las coordenadas de esa *jouissance* son en última instancia las coordenadas de la fantasia elemental, que es la fantasía de (encontrar *jouissance* en) ser puesto en la posición pasiva (como en el freudiano "mi padre me está pegando"), lo que expone al sujeto a la vergüenza no es la revelación de cómo se lo pone en posición pasiva y se lo trata apenas como un cuerpo. La vergüenza recién surge cuando esa posición pasiva en la realidad social afecta a la fantasía (íntima y renegada). Consideremos para esto a dos mujeres, una de las cuales es liberada, afirmativa y activa, mientras que la otra guarda para sus ensoñaciones secretas una escena donde su pareja la trata con brutalidad e incluso la viola. Lo decisivo aquí es que, si ambas son violadas, la violación será mucho más traumática para la segunda, ya que cumplirá en la realidad social externa el contenido de sus sueños. ¿Por qué? Hay un abismo que separa eternamente al núcleo fantasmático del ser del sujeto y las modalidades más superficiales de sus identificaciones simbólicas o imaginarias. Nunca me es posible asumir plenamente (en el sentido de la integración simbólica) el núcleo fantasmático de mi ser. Cuando me acerco demasiado a él, tiene lugar la afánisis del sujeto: este pierde su consistencia simbólica y se desintegra. Y, quizás, la actualización forzada en la realidad social del núcleo fantasmático de mi ser sea la peor, la más humillante forma de violencia, una violencia que socava la base misma de mi

40. Ver Giorgio Agamben, *Lo que queda de Auschwitz*, Buenos Aires, Adriana Hidalgo, 2004, pp.155 y ss.

identidad (de mi "imagen de mí mismo") y me expone a una vergüenza intolerable.

Ahora podemos ver claramente lo lejos que está el psicoanálisis de cualquier defensa de la dignidad del rostro humano. ¿Y es que acaso el tratamiento psicoanalítico no es, en definitiva, la experiencia de volver públicas (ante el analista, que representa al gran Otro) nuestras fantasías más íntimas, y de ese modo "perder la cara" en el sentido más radical de la expresión?

Índice onomástico

A

Adorno, Theodor 52, 62, 66
Agamben, Giorgio 65, 67, 103
Aquino, Tomás de 12
Arendt, Hannah 62

B

Badiou, Alan 8
Beethoven, Ludwig van 49, 51, 52, 53, 54
Bentham, Jeremy 92
Benveniste, Émile 83
Bosteels, Bruno 8
Bush, George W. 19, 34, 50

C

Cage, Nicolas 96, 97, 98, 99
Castro, Fidel 28
Chávez, Hugo 28
Chomsky, Noam 34
Critchley, Simon 77, 80, 81

D

Davidson, Donald 101

D

Derrida, Jacques 42, 73, 74, 75, 76, 77, 80, 82
Descartes, René 12
Duchamp, Marcel 91

E

Eliot, T. S. 56

F

Fichte, Johann Gottlieb 11
Freud, Sigmund 25, 28, 49, 63, 69, 85, 86
Furet, François 85

G

Gilliam, Terry 97
Gould, Stephen Jay 7
Gray, John 92, 93
Guzmán, Abimael 50

H

Habermas, Jürgen 30, 81, 84
Haider, Jörg 20

Hamza, Agon 8
Hegel, Georg Wilhelm 10, 11, 12,
      21, 39, 66
Heidegger, Martin 12, 30, 55, 56
Hitler, Adolf 49, 50

J

Juan Pablo II 95

K

Kant. Immanuel 10, 12, 72, 77, 89
Khader, Jamil 8, 9
Kierkegaard, Søren 12
Kripke, Saul Aaron 12

L

Lacan, Jacques 8, 10, 11, 12, 32,
      48, 78, 79, 80, 82, 83, 96,
      97, 102, 103
Laclau. Ernesto 21, 22, 23, 24, 25,
      26, 27, 29, 30, 31, 32, 34,
      36, 37, 38, 39, 41, 42, 44
Lakoff, George 33, 34, 35, 36, 37
Lama, Dalai 90, 95, 107
Le Pen, Marine 47
Levinas, Emmanuel 72, 76, 77,
      96, 101
Lewis, Jerry 102
Lewontin, Richard 7
Luther King, Martin 33
Lynch, David 97

M

Major, John 30
Mandela, Nelson 74
Marx, Karl 12, 25, 39, 41, 42, 43,
      44, 73, 74, 92, 100
Moser, Edward 91, 92
Mouffe, Chantal 30, 32, 37

Mozart, Wolfgang Amadeus 51

N

Newland, Archer 68
Nietzsche, Friedrich 30
Noys, Benjamin 8

O

Objet a 12, 21, 69, 71
Olenska, Ellen 68

P

Platón 12
Proudhon, Pierre-Joseph 73

R

Rancière, Jacques 40
Rolland, Romain 49

S

Schmitt, Carl 30
Schreber, Daniel Paul 84
Smith, Ian 50
Spinoza, Baruch 12
Spoto, Donald 94
Stalin, Iósif 50

T

Travolta, John 96, 97, 98, 99, 100

W

Winfrey, Oprah 92, 93

Índice

Un prólogo breve /7

Contra la tentación populista / 15

El populismo: de las antinomias del concepto… / 20

…al punto muerto de los compromisos políticos / 33

La marcha turca / 45

La melancolía y el acto / 59

La falta no es lo mismo que la pérdida / 64

"¿Pensamiento post-secular?". No, gracias / 72

El Otro: imaginario, simbólico, real / 79

El acto ético: más allá del principio de realidad / 84

El Papa versus Dalai Lama / 90

John Woo crítico de Levinas: el rostro
como fetiche / 96

Índice onomástico / 105

Queremos hacer libros
cada vez mejores, para eso
necesitamos saber qué pensás.

Envianos un mail y contanos lo
que pensás sobre este libro
info@edicionesgodot.com.ar

O respondé una breve encuesta:
bitly.com/edgodot

Libro compuesto
en tipografía Stempel
Garamond 11/14 creada por
Claude Garamond en el Siglo
XVI en Francia, versión de la
fundición Stempel en 1924. Notas
al pie compuestas en Calibri
Regular de 10pt y títulos en
Helvetica Neue
en 22pt.

www.edicionesgodot.com.ar
info@edicionesgodot.com.ar
Facebook.com/EdicionesGodot
Twitter.com/EdicionesGodot
Instagram.com/EdicionesGodot

9 789987 408663 1